职业本科教育管理类专业精品系列教材

VBSE 跨专业综合实训

主　编　田　宏　马春艳
副主编　梁少春　王　慧　孔　磊
参　编　王彦红　刘文侠

北京理工大学出版社
BEIJING INSTITUTE OF TECHNOLOGY PRESS

内 容 简 介

VBSE综合实训是基于新道VBSE跨专业综合实践教学平台（V综3.6）的一门仿真综合实训课程。它采用用友集团新道科技有限公司研发的"虚拟商业社会环境（VBSE）"跨专业综合实训平台，基于该平台开展多专业综合实训，通过对真实商业社会环境中典型单位、部门和岗位的系统模拟，让学生身临其境地进行岗前实习，使学生认知并熟悉现代商业社会内部不同组织、不同职业岗位的工作内容和特性，训练学生从事经营管理所需的综合执行能力、综合决策能力和创新创业能力，培养学生的全局意识和综合职业素养。

本书逻辑架构采用物理分层与逻辑分层相结合，这两层从初级到高级划分为虚拟层与企业层；两层体现专业特色，同时将专业、企业、商业进行融合，学生进入实训课程可以感受不同层次的文化冲击。

第一层：企业层。让学生了解企业，熟悉企业岗位职责，了解企业基本业务流程；通过递进式课程关系（先进行模拟流程演练，再进行自主创业经营管理），先让学生初步认知企业，再进行企业经营管理一体化实训。

第二层：虚拟层。重点在于让学生了解企业，了解企业文化，熟悉企业内部与外部，各部门、各机构之间的协同运作关系。通过先了解企业内部经营管理流程，然后拓展到企业外部供应链管理，最终扩大到商业社会全景，进行企业经营决策模拟实训。

各层次贯穿专业知识、思政理念，学生学习企业经营管理方式方法，熟悉企业业务流程。

版权专有　侵权必究

图书在版编目（CIP）数据

VBSE跨专业综合实训 / 田宏，马春艳主编 . -- 北京：北京理工大学出版社，2021.8
　　ISBN 978-7-5763-0187-8

Ⅰ．①V…　Ⅱ．①田…②马…　Ⅲ．①财务软件－教材
Ⅳ．①F232

中国版本图书馆CIP数据核字（2021）第165875号

出版发行 / 北京理工大学出版社有限责任公司	
社　　址 / 北京市海淀区中关村南大街5号	
邮　　编 / 100081	
电　　话 / （010）68914775（总编室）	
（010）82562903（教材售后服务热线）	
（010）68944723（其他图书服务热线）	
网　　址 / http://www.bitpress.com.cn	
经　　销 / 全国各地新华书店	
印　　刷 / 河北盛世彩捷印刷有限公司	
开　　本 / 787毫米×1092毫米　1/16	
印　　张 / 14	责任编辑 / 徐艳君
字　　数 / 329千字	文案编辑 / 徐艳君
版　　次 / 2021年8月第1版　2021年8月第1次印刷	责任校对 / 刘亚男
定　　价 / 56.00元	责任印制 / 李志强

图书出现印装质量问题，请拨打售后服务热线，本社负责调换

前　言

本书借助 VBSE 教学平台营造的企业虚拟办公环境，模拟企业从创立到经营的全过程，包括"团队组建""期初建账""固定数据""自主经营""实训总结"等项目。本书针对每一类业务，详细地介绍了业务流程和业务操作步骤，让学生既能对商业社会有整体认识，又能迅速找到自己所在组织的业务，按书中提示准确无误地完成任务。本书做到了既能鸟瞰全局，又能顾全细节，对实训起到非常好的指导和补充作用。

本书由山东外国语职业技术大学田宏、马春艳任主编，山东外国语职业技术大学梁少春、王慧、孔磊任副主编，王彦红、刘文侠参与编写。具体的编写分工为：马春艳编写项目 1 团队组建、项目 4 自主经营、项目 5 实训总结以及附录部分；王慧编写项目 2 期初建账部分；梁少春编写项目 3 中的 3.1~3.13 小节，重点介绍制造企业与经销商核心业务；孔磊编写项目 3 中的 3.14~3.16 小节，介绍百联集团、招投标公司和会计师事务所的重点工作；王彦红、刘文侠负责全书相关资料的收集，整理工作。马春艳拟定全书大纲，负责专业技术工作；田宏负责全书初稿的审核、修改以及最终定稿。

本书获得用友新道科技有限公司的大力支持，对教材编写章节的财务部分、企业管理相应内容提供资料并参与指导，使得本书内容更契合企业实际。因编者认知水平有限，书中不足之处，敬请读者批评指正，教学资源索取或意见建议，可直接发至作者邮箱 1063582030@qq.com。

编　者
2021 年 5 月

目　录

项目 1　团队组建 ·· 1

实训任务 1.1　实训总动员、实训准备 ··· 2
实训任务 1.2　企业 CEO 竞聘 ··· 6
实训任务 1.3　现场招聘企业及各组织管理团队 ·· 10
实训任务 1.4　岗前培训 ··· 16

项目 2　期初建账 ·· 25

实训任务 2.1　企业管理部期初建账 ·· 27
实训任务 2.2　人力资源部期初建账 ·· 33
实训任务 2.3　财务部期初建账 ··· 44
实训任务 2.4　采购部期初建账 ··· 54
实训任务 2.5　仓储部期初建账 ··· 59
实训任务 2.6　生产计划部期初建账 ·· 64
实训任务 2.7　营销部期初建账 ··· 70

项目 3　固定数据 ·· 75

实训任务 3.1　制造企业采购付款业务 ··· 76
实训任务 3.2　制造企业销售收款业务 ··· 88
实训任务 3.3　生产业务 ··· 93
实训任务 3.4　部门借款业务 ·· 102
实训任务 3.5　批量办理个人银行卡业务 ·· 104
实训任务 3.6　薪酬发放业务 ·· 107
实训任务 3.7　扣缴五险一金业务 ··· 110

实训任务 3.8　企业薪酬核算业务 …… 112
实训任务 3.9　申报缴纳个税业务 …… 113
实训任务 3.10　计提折旧业务 …… 115
实训任务 3.11　申报增值税业务 …… 118
实训任务 3.12　采购付款业务 …… 122
实训任务 3.13　经销商销售收款业务 …… 127
实训任务 3.14　百联集团基本业务流程处理 …… 133
实训任务 3.15　招投标公司基本业务流程处理 …… 144
实训任务 3.16　会计师事务所基本业务流程处理 …… 154

项目 4　自主经营 …… 169

实训任务 4.1　自主经营操作规则及注意事项 …… 170
实训任务 4.2　自主经营各企业核心工作解读 …… 174

项目 5　实训总结 …… 177

参考文献 …… 181

附录 1　VBSE 跨专业综合实训：教师授课手册 …… 183
附录 2　VBSE 跨专业综合实训：学生学习手册 …… 193
附录 3　课后思考题答案 …… 217

项目 1

团队组建

 **团队组建背景**

虚拟商业社会环境中系统中共有 N 家童车制造企业，创建近两年，主打产品是经济型童车，产值年约 3000 万元。随着市场竞争的日趋激烈，为求生存和发展，董事会要求后期 5 个季度内实现收入翻倍增长。目前，换届选任、招贤纳士中……

项目目标

（1）进行实训动员，做好实训准备。学生了解仿真实训的实训目的、内容、时间安排、实训组织要求、实训要求、实训考核等基本内容，教师了解实训授课重难点及基本教学方法。

（2）完成企业岗位胜任力测评，组织竞聘 CEO。

（3）组织进行管理团队招聘，了解企业招聘面试的基本流程。

（4）组织进行企业岗前培训，熟悉岗位工作职责。

项目任务

实训动员；CEO 竞聘；团队组建；岗前培训。

实训任务 1.1 实训总动员、实训准备

1.1.1 实训目标

（1）学生了解实训目的、内容、时间安排、实训组织要求、实训要求、实训考核基本内容。
（2）教师了解实训授课重难点及基本教学方法。

1.1.2 实训内容

学习了解实训目的、内容及时间安排等基本内容。

1.1.3 实训工具

VBSE 实训系统软件、多媒体教室。

1.1.4 实训步骤

实训课程开场动画

1. 实训目的

"虚拟商业社会环境（VBSE）跨专业综合实训"（以下简称 VBSE 实训）通过对现代制造业与现代服务业进行全方位的模拟经营及管理，为学生创造多类社会组织中不同职业岗位的"工作"机会，认知并熟悉现代商业社会内部不同组织、不同职业岗位的工作内容和特性，训练在现代商业社会中从事经营管理所需的综合执行能力、综合决策能力和创新能力，培养学生的全局意识和综合职业素养。VBSE 实训课程设计全景图如图 1-1 所示。

（a）实训全景图

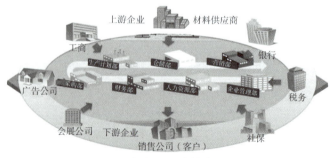

（b）VBSE全景图

图 1-1 VBSE 实训课程设计全景图

2. 实训内容与学时安排

实训内容与学时安排如表 1-1 所示。

表 1-1 实训内容与学时安排

序号	实训项目名称	任务及要求	实训项目设计	实训结果	学时安排
1	团队组建	实习动员、VBSE 简要介绍 综合测评、CEO 报名、制作简历 CEO 竞演 选举 CEO、招募人事助理、领取海报制作材料 招聘与应聘 讲解系统使用方法、员工上岗、分发办公用品、召开企业内部会议	1. 老师讲解课程，学生对该课程形成一定认知； 2. 学生了解上课方式； 3. 学生了解实训进度安排； 4. 引导学生转变观念，变学生为员工； 5. 顺利组建团队； 6. 团队成员互相了解； 7. 学生了解本岗位所管理使用的材料	按时完成	8
2	期初建账	检查系统 期初建账 分享、总结	1. 团队成员互相了解； 2. 明确分工合作； 3. 学生了解期初建账	按时完成	4
3	固定数据（业务见习）	手工第一讲 手工第二讲 手工第三讲 月初工作总结会议 手工第四讲 月末结账 固定数据阶段工作总结会议 整理未用单据，归档已使用单据 开始自主经营，学习如何发起新工作	1. 了解 VBSE 虚拟日期作用； 2. 熟悉 VBSE 线上通知与线下业务的同步操作； 3. 形成业务流程概念； 4. 能处理个别简单流程； 5. 学会归纳总结； 6. 学习处理较复杂流程； 7. 顺利完成固定数据月初任务； 8. 企业期末业务处理； 9. 整理单据	按时完成	14
4	自主经营（顶岗实习）	学生自主开展经营业务 工作会议、检查系统 整理归档自主经营期间的所有材料	自己发起业务，按照流程完成自身岗位任务	按时完成	24
5	实训总结	归档材料	1. 分公司分岗位整理材料； 2. 员工总结、公司总结、服务机构总结		4

3. VBSE 实训课程核心业务流程

VBSE 实训课程核心业务如图 1-2 所示。

通过 VBSE 实训课程，在逻辑关系学习、理论学习、创新学习三方面，应达到以下要求。

图1-2　VBSE实训课程核心业务

（1）逻辑关系学习基本要求：厘清本部门和本岗位的上下游业务逻辑关系。如图1-3所示。

图1-3　VBSE实训课程逻辑关系学习基本要求

（2）理论学习基本要求：能阐述本岗位在企业中的作用。如图1-4所示。

图1-4　VBSE实训课程理论学习基本要求

（3）创新学习基本要求：能设计自己部门的业务和逻辑关系。如图1-5所示。

图1-5　VBSE实训课程创新学习基本要求

4. 实训考核方式

VBSE实训课程的考核评价体系重视学生学习态度，强化能力训练与培养，弱化纯理论知识考核，注重过程考核，实行权重考核，从而极大地调动学生学习的积极性和自主性。VBSE 实训课程考核标准如图 1-6 所示。

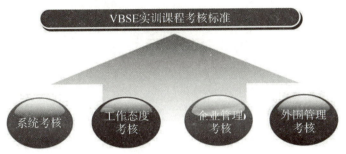

图 1-6　VBSE 实训课程考核标准

（1）考核方法：总成绩＝过程资料（50%）+考核指标（30%）+个人总结（20%）。

①过程资料：小组总结 PPT、海报、营销策划案、期刊（电子+纸质）、部门流程图、相关单据及财务资料等。

②考核指标：主营业务收入、营业利润、市场占有率。

③个人总结：VBSE 实训报告（50%）+工作总结（50%）。

（2）实训成绩评定：根据学生实训过程表现和实训成果综合评定考核成绩。最终成绩按百分制给出，90 分以上为优秀，80～89 分为良好，70～79 分为中等，60～69 分为及格，60 分以下为不及格。

（3）实训总结：按小组提交所有过程资料及个人实训报告。实训报告撰写要求：采用学校规定的 VBSE 实训报告封面，报告要素齐全，字迹清晰；先正反面打印空白模板，然后以书写方式书写后上交，不接受打印稿。

1.1.5　实训思考

（1）VBSE 实训课程与未来就业有什么关系？
（2）VBSE 实训报告如何撰写？

VBSE 跨专业综合实训课程标准

实训报告模板

实训任务 1.2　企业 CEO 竞聘

1.2.1　实训目标

（1）熟悉系统界面，进行综合测评。
（2）了解企业 CEO 竞聘的基本流程。
（3）了解企业 CEO 岗位职责。

1.2.2　实训内容

系统培训；综合测评；CEO 竞聘。

1.2.3　实训工具

VBSE 实训系统软件、多媒体教室。

1.2.4　实训步骤

1. 熟悉系统界面

系统主界面基本操作如图 1-7 和图 1-8 所示。

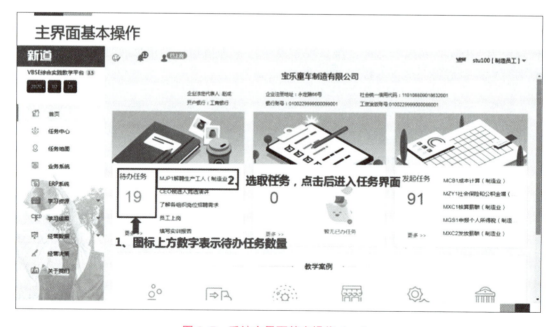

图 1-7　系统主界面基本操作（一）

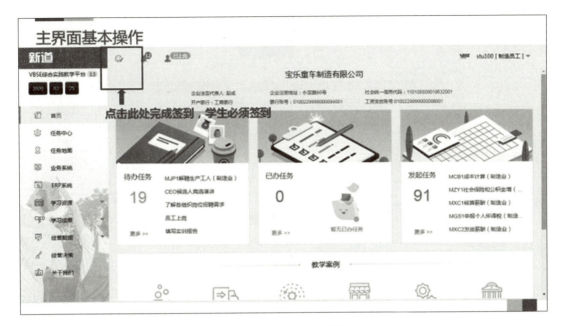

图 1-8 系统主界面基本操作（二）

2. 综合素质测评

实训之前，对所有学生做综合素质测评。综合素质测评由实训系统自动抽题、自动计分，题目类型包括基本素质、通用管理、营销、采购、生产、仓储、人力资源、行政管理、财务等各方面内容。综合素质测评业务流程如表 1-2 所示。

表 1-2 综合素质测评业务流程

序号	操作步骤	角色	操作内容
1	综合素质测评	学生	登录 VBSE 实训系统，进入待办任务界面，选择综合测评并查看创业测评结果分析，根据测评结果判断适合自己的工作岗位

3. CEO 报名竞聘

CEO（Chief Executive Officer）即首席执行官。首席执行官是在一个企业中负责日常经营管理的最高级管理人员，也称行政总裁。CEO 向公司的董事会负责，在公司或组织内部拥有最终的执行经营管理决策的权力。

学生进行综合测评后，根据测评结果和 CEO 线下报名，教师确定 CEO 候选人名单，然后采用竞聘的方式确定每个管理团队的 CEO。教师告知候选人竞聘演讲规则，包含演讲顺序、演讲时间等；教师告知学生选民选举规则，并要求其在听完所有 CEO 候选人演讲后在 VBSE 实训系统的选举界面进行选民投票。

（1）在企业全景仿真综合实训中，采用竞聘方式确定每个管理团队的 CEO。

（2）竞选发言。由候选人陈述对 CEO 角色的理解、价值主张、处事原则等。

（3）所有参与实训的学生可以参与投票，最终以候选人得票多少决定是否胜出。CEO 候选人报名及投票选举 CEO 如图 1-9 和图 1-10 所示。

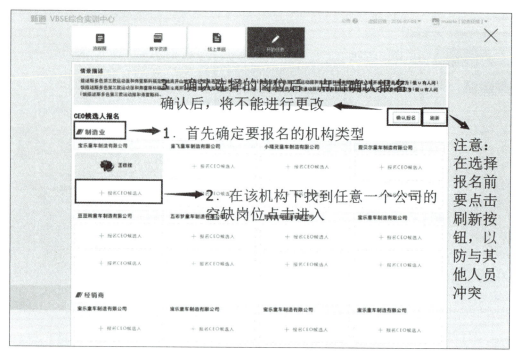

图 1-9 CEO 候选人报名

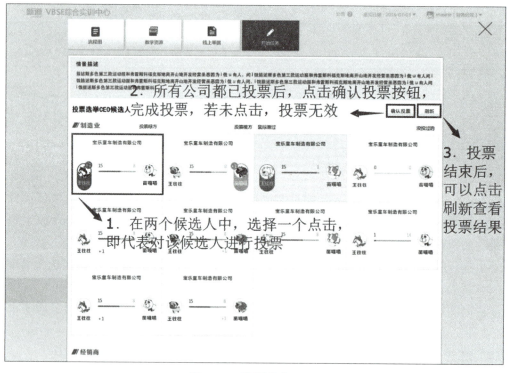

图 1-10 投票选举 CEO

1.2.5　实训思考

（1）你的员工缺少工作主动性与积极性，工作时间经常上网或聊天，如果出现上述情况，你该如何解决这个问题？

（2）在企业日常工作中，新员工不懂业务，无法快速进入角色，如果出现这种情况，你该如何应对并解决？

（3）在企业业务处理中，如果各部门发生互相推诿、互相指责的情况，你该如何解决？

实训任务 1.3 现场招聘企业及各组织管理团队

1.3.1 实训目标

（1）企业拟订招聘计划，完成招聘海报。
（2）应聘者填写应聘简历。
（3）企业进行现场招聘，完成团队组建。

1.3.2 实训内容

企业招聘计划拟订；应聘简历填写；企业现场招聘。

1.3.3 实训工具

招聘海报、多媒体教室。

1.3.4 实训步骤

为了快速组建公司管理团队，CEO 需要立即着手招聘企业人力资源部经理。待人力资源部经理选定后，和人力资源部经理一起制作招聘海报，提出岗位要求，收集、筛选招聘简历，面试应聘人员。每个学生持个人填写的应聘登记表去意向单位应聘，经过双向选择，最终确定自己的企业及岗位。每个学生应充分重视这次面试，做好面试前的准备工作。

1. 企业及各组织拟订招聘计划，完成招聘海报

招聘工作是企业人力资源工作的重要模块，是企业获得人力资源的主要入口，与企业的各项工作开展有着紧密的联系。企业在组织招聘时会依据实际情况来确定组织形式，本书介绍两种常见的招聘形式：项目型招聘、日常招聘。我们将企业在短时间内投入较多的人力、物力组织多个岗位的集中招聘称为项目型招聘，例如组织校园招聘；而相对的将另一种企业日常工作中不断进行的填补岗位空缺的招聘称为日常招聘。

公司组建期人员招聘工作实际就是一次真实的校园招聘。在本部分实训组织中制造企业人力资源部经理需要在短时间内集中各方力量完成企业团队组建工作。每家制造企业需要组建 7 个部门、招聘 17 人；每家商贸企业（经销商）需要组建 5 个部门、招聘 6 人；每家工贸企业（供应商）需要组建 3 个部门、招聘 3 人；百联集团招聘 3 人；五洲进出口有限公司招聘 2 人；中国工商银行、中国银行各招聘银行柜员 1 人；会计师事务所招聘审计师、审计助理各 1 人；税务局、市场监督管理局、人社局、海关总署、服务公司各招聘 1 人。

招聘企业 CEO 或人力资源部经理，将招聘信息呈现在招聘海报中，并组织校园招聘宣讲，吸引应聘者前来应聘。

（1）制造企业。创建近一年零九个月，主打产品是经济型童车，年产值约 3000 万元。随着市场竞争的日趋激烈，为求生存和发展，董事会要求后期 5 个季度内实现收入翻倍增长。制造企业设置一览表（部分）和制造企业组织结构及招聘岗位如图 1-11 和

图 1-12 所示。

图 1-11 制造企业设置一览表（部分）

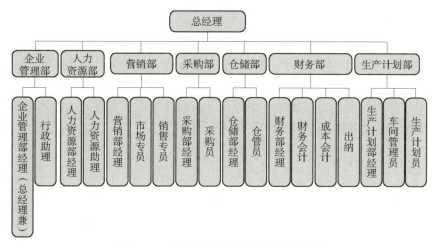

图 1-12 制造企业组织结构及招聘岗位

（2）工贸企业（供应商）和商贸企业（经销商）。供应商企业包括恒通工贸有限公司、邦尼工贸有限公司、思远工贸有限公司以及新耀工贸有限公司 4 家企业，作为童车生产企业的原料供应商，为其提供钢管、坐垫、包装套件等原料。

商贸企业包括旭日商贸有限公司、华晨商贸有限公司、仁和商贸有限公司以及天府商贸有限公司 4 家企业，作为童车生产企业的客户，将童车销往各地市场。

工贸企业和商贸企业组织结构如图 1-13 所示。

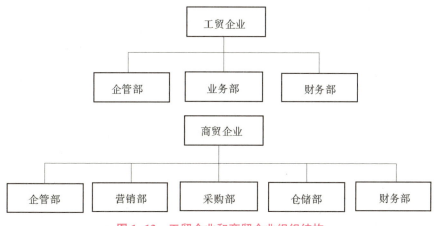

图 1-13 工贸企业和商贸企业组织结构

（3）外围服务机构。外围服务机构包括中国工商银行、中国银行、海关总署、服务公司、税务局、市场监督管理局、人社局、国际贸易企业、物流公司、连锁企业、会计师事务所、招投标公司等组织，为制造企业、工贸企业和商贸企业提供企业经营管理的各项服务支持，如贷款、缴纳社保等服务。外围服务机构（部分）招聘岗位如表1-3所示。

表1-3　外围服务机构（部分）招聘岗位

部门	岗位角色	岗位职责
政务服务机构	市场监督管理局专管员	
	税务专管员	
	人社局专管员	
工商银行	柜员	
服务公司	业务员	（人才市场/办公用品销售/培训服务/设备购买与销售规则/人才招聘费用/产品生产许可/水电费收取）

①百联集团有限公司。百联集团有限公司是国内孕婴童行业领先的全国连锁零售企业，业务主要涉及婴儿产品及服务，从童车生产企业采购童车。百联集团有限公司招聘岗位如表1-4所示。

表1-4　百联集团有限公司招聘岗位

岗位	角色
总经理	采购经理、财务经理
仓储经理	出纳、仓管员、采购员
东区店长	兼店员
西区店长	兼店员

②五洲进出口有限公司。五洲进出口贸易有限公司成立十余年，是一家专业进出口贸易公司，也是多家国外总公司在中国的采购代理，主营童车进出口业务。五洲进出口有限公司招聘岗位如表1-5所示。

表1-5　五洲进出口有限公司招聘岗位

岗位	角色
总经理	兼财务经理、品质部经理
进出口经理	外贸员、单证员、出纳
内陆业务经理	业务员、货检员

③隆飞物流有限公司。隆飞物流有限公司成立十余年，是在中国市场上处于领先地位的国际化第三方物流企业，为客户提供集海、陆、空货运，仓储码头服务，快递、船务代理及货运代理为一体的综合物流服务。隆飞物流有限公司招聘岗位如表1-6所示。

表1-6　隆飞物流有限公司招聘岗位

岗位	角色
总经理	兼财务经理、调度员等
业务经理	兼驾驶员、仓管员等

④会计师事务所。会计师事务所主要业务内容涵盖审计服务、金融审计、内部审计、其他鉴证、税务服务、工程造价、资产评估、风险管理、企业管理、IT审计和咨询、投资和重组破产清算、法证会计等。会计师事务所招聘岗位如表1-7所示。

表1-7 会计师事务所招聘岗位

序号	岗位
1	项目经理
2	审计师
3	审计助理

⑤其他外围服务机构。教师根据参与实训课程学生人数的多少,选择是否开设下列外围服务机构,并根据各机构业务量大小,确定各机构招聘人数。因下列机构业务量限制,各机构最多招聘2人。外围服务机构设置如图1-14所示,招聘企业手绘海报如图1-15所示。

图1-14 外围服务机构设置

图1-15 招聘企业手绘招聘海报

2. 应聘者填写应聘简历

除通过竞聘演讲成功当选的各企业 CEO 外,其他实训参与人员均需要通过参加校园招聘会寻找工作岗位。具体内容包括填写应聘简历、准备面试问题、参加招聘会面试。简历填写完毕后,现场投递简历并参加各招聘企业组织的面试,面试成功者,可收到应聘企业发放的"录用通知单",成功入职。

简历如何填写

(1) 简历填写原则:强调成功经验(重点强调擅长的技能);醒目而简短(一页原则,不啰唆);为简历定位(求职意向写清楚);写上简短小结(准确的自我评价);力求准确(无错别字,信息准确);注意简历的规范性(避免口语化)。应聘简历填写基本规范如图 1-16 所示。

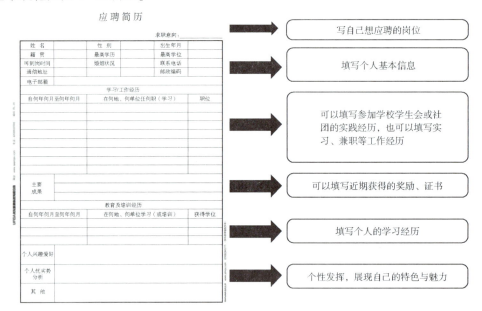

图 1-16 应聘简历填写基本规范

(2) 应聘面试注意事项:面试着装要整洁大方,谈吐举止要得体;重视首因效应(第一印象);回答问题条理清晰,有重点;回答专业知识不要弄虚作假,要虚心求教;遇到难题保持平常心,淡看成败,增加自信。应聘一家企业不成功者,请立即参加下一家企业的面试,直到找到适合自己的工作为止。求职面试现场如图 1-17 所示。

求职面试礼仪

图 1-17 VBSE 综合实训求职面试现场

3. 应聘者如何寻找适合自己的工作岗位

应聘者需结合自我性格特点、个人兴趣爱好、专业背景、个人职业规划等内容寻找适合自己的工作岗位。在缺乏清晰的职业规划的前提下，应聘者可根据专业背景及个人兴趣爱好，在实训中大胆尝试，通过全新的虚拟职业体验，进一步明确未来工作的目标，树立科学准确的职业规划。应聘者求职要领如图1-18所示。

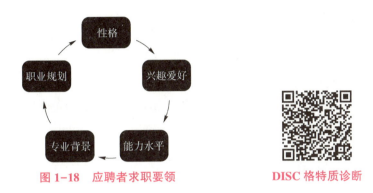

图1-18 应聘者求职要领　　　　DISC格特质诊断

4. 企业如何进行面试筛选

企业面试筛选一般依据该岗位的岗位说明书，在面试前将简历筛选中存在的疑惑进行记录，在面试过程中重点询问。可根据企业情况组织结构化面试、非结构化面试或者半结构化面试。

5. 面试成功，发放录用通知单

面试成功后，成功入职企业，企业人力资源部为求职成功者发放录用通知单，员工成功入职。录用通知单样本如图1-19所示。

图1-19 录用通知单样本

1.3.5 实训思考

（1）应聘者求职面试前，应做好哪些基本准备？

（2）应聘者如何将心理学知识运用到面试环节，提升面试成功率？

实训任务 1.4 岗前培训

1.4.1 实训目标

（1）完成自助上岗。
（2）熟悉各部门岗位工作职责。
（3）召开制造企业内部会议。

1.4.2 实训内容

完成自助上岗；学习部门岗位工作职责；召开制造企业内部会议。

1.4.3 实训工具

VBSE 实训系统软件、多媒体教室。

1.4.4 实训步骤

1. 自助上岗

凭拿到的录用通知单在系统中进行上岗操作。员工分两种情况：

情况一：没有岗位人员，包含未参与 CEO 竞聘的所有人员和参与 CEO 竞聘但未当选的人员。

情况二：已有岗位人员，指在 CEO 竞聘中当选为 CEO 的人员。

（1）没有岗位人员的上岗。如图 1-20～图 1-23 所示，上岗步骤分为三步：在主页中点击"待上岗"进入上岗页面；在 1 处选择自己要上岗的机构，在 2 处选择自己要上岗的企业，在 3 处选择自己的岗位；填写入职登记表后，点击"提交"，上岗操作完成。

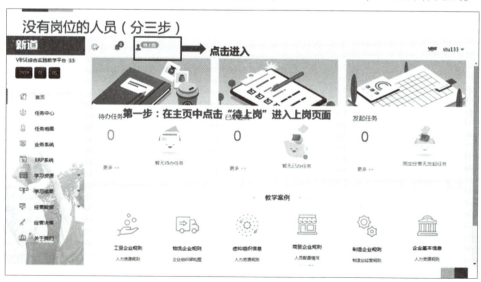

图 1-20 进入上岗页面

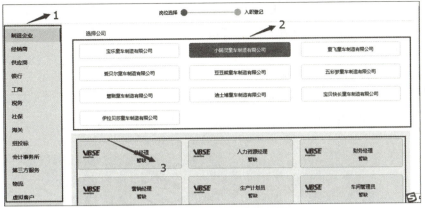

图 1-21　上岗操作流程页面

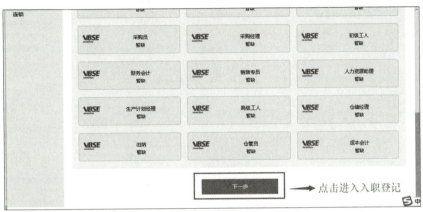

图 1-22　进入入职登记页

图 1-23　入职登记页面

（2）已有岗位人员的上岗。如图 1-24 和图 1-25 所示，上岗步骤分为两步：在主页中点击"已上岗"进入上岗页面；进入后，直接点击"下一步"，进入入职登记页面。

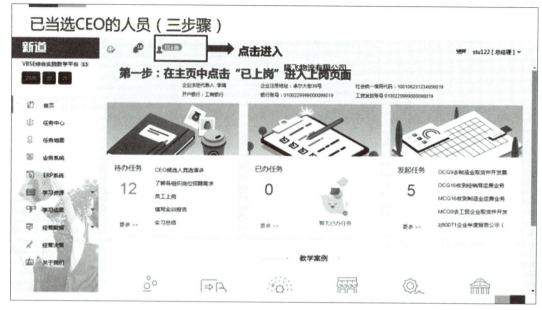

图 1-24　进入上岗页面

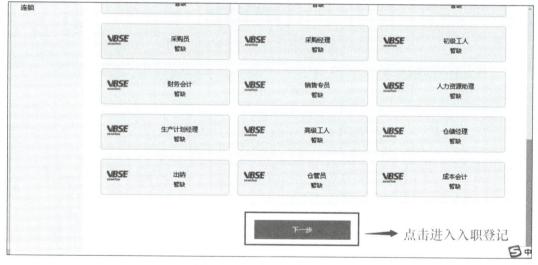

图 1-25　进入入职登记页面

2. 自助上岗问题解决

（1）因点击失误，自助上岗岗位或组织选择错误，进入其他企业或岗位入职的，可联系对方企业 CEO 在员工管理模块对该员工进行离职处理，或联系授课教师进行后台岗位调整。

（2）因他人点击失误，岗位被他人误上岗的，待 CEO 进行离职处理或教师进行后台处理后，再做尝试。

(3) 自助上岗界面显示不全或卡顿的，为网速或系统服务器原因，刷新后再做尝试。

3. 部门岗位工作职责

员工入职后，应尽快熟悉岗位工作职责，加强对工作流程、业务范围等的了解。制造企业各管理岗位工作职责描述如表1-8所示，工贸企业和商贸企业各岗位工作职责如表1-9所示，外围服务机构工作职责描述如表1-10所示。

生产企业岗位说明书范例

表1-8 制造企业各管理岗位工作职责描述

企业类型	岗位名称	工作职责描述
制造企业	总经理	组织制定公司总体战略与年度经营规划；建立健全公司的管理体系与组织结构；组织制定公司基本管理制度；主持公司的日常经营管理工作；对公司经营管理目标负责；主持召开企业重大决策会议；任免各职能部门经理
	行政助理	对各类文档进行分类整理并归档；对企业购销合同进行管理；招投标管理；负责总经理日常行程安排，协助起草报告、组织会议及其他办公服务工作；公司证照的办理、年审、更换、作废等；公司印章保管、使用管理；企业资产管理；负责召集公司办公会议，做好会议记录；接待内外部来访
	财务部经理	编制公司财务管理制度；编制公司财务预算；日常财务审批；企业资金筹集及资金计划；财务分析；凭证审核；日常费用报销；编制财务报表
	财务会计	建立账簿；日常费用报销；编制科目余额表；填制纳税申报表；配合会计师事务所进行年审；凭证填制；固定资产购置及折旧；季末结账
	成本会计	制定产品成本核算制度；收集成本核算资料；制定各种成本费用定额；各种费用分配；产品成本计算；产品成本分析；编制产品成本报表；材料成本账登记；季末库存盘点及对账
	出纳	现金收付、盘点；办理银行业务；登记日记账；季末银行对账；编制资金报表；去税务局报税；销售收款及开票；会计档案管理
	采购部经理	制订采购计划，保证满足经营活动的需要；供应商开发、评估与管理；采购物流、资金流、信息流的管理；制定、审核、签署与监督执行采购合同；控制采购成本和费用；日常费用报销
	采购员	根据生产计划和安全库存，编制物料采购计划；询价、议价，与供应商接触并谈判；起草并签订采购合同；根据计划下达采购订单；协助仓储部办理采购货物的入库；跟踪采购订单执行情况；负责建立供应商档案并及时更新
	仓储部经理	年度计划与预算；记录材料收发，做好物料存放管理和出入库管理；核定和掌握物料的储备定额，保证仓库的合理使用；编制库存报表，发各部门参考与财务对账；盘点及盘盈盘亏处理；对账；库存分析
	仓管员	填写物料出入库单据，办理物料出入库手续；填写物料卡；负责原料的质检、出具质检报告；办理销售出库；仓库盘点；监控库存变化，及时补充库存

续表

企业类型	岗位名称	工作职责描述
制造企业	人力资源部经理	制定年度人力资源规划与预算；制定部门工作目标和计划；制定公司的招聘、培训、薪酬评价、员工档案管理等制度并组织实施；进行工作分析、岗位说明书与定岗定编工作；参与招聘、核定签约人员、核定人员工资和奖金；负责干部培训及绩效考核；负责处理各种与劳动合同相关的事宜
	人力资源助理	收集各部门人员需求信息；参加招聘会，初试应聘人员；执行并完善员工入职、转正、离职、辞退手续；组织新员工培训、在职人员培训；统计考勤，计算员工薪酬和奖金；维护员工信息，管理员工档案
	生产计划部经理	制订新年度经营计划；生产能力建设；产品研发管理；生产过程管理；生产派工；审核各项业务计划；日常费用报销
	车间管理员	生产领料；生产加工；成品完工入库管理；生产统计；设备维修管理；日常费用报销
	生产计划员	编制主生产计划；编制物料需求计划；原料质检；人员、设备需求，厂房、设备购买/出售申请；日常费用报销
	营销部经理	制订全年销售目标和销售计划；销售制度制定及考核、费用预算；营销策划、销售运作与管理、进度控制；重要销售谈判、销售订单汇总；管理日常销售业务，控制销售活动；客户关系管理
	市场专员	搜集相关行业政策信息，市场预测；配合制订企业年度经营计划和销售计划，公司市场开发、推广及潜在客户的挖掘分析；竞争对手、竞争产品、竞争策略信息的收集分析；市场趋势和市场潜力分析；相关资料统计、分析
	销售专员	执行销售计划；销售接单，签订销售合同；客户联系及管理；应收账款管理，跟催货款；销售发货管理；跟踪销售订单执行

表1-9 工贸企业和商贸企业各岗位工作职责描述

企业类型	岗位名称	工作职责描述
工贸企业（供应商）	总经理	组织制定公司总体战略与年度经营规划；建立健全公司的管理体系与组织结构；组织制定公司基本管理制度；主持公司的日常经营管理工作；对公司经营管理目标负责；主持召开企业重大决策会议；各职能部门经理的任免
	行政经理	缴纳社会保险、公积金、核算工资、劳动关系管理
	业务经理	负责采购及销售岗位的业务。采购岗位的主要任务是与虚拟市场签订原材料的采购订单、采购入库等；销售岗位的主要任务是与制造企业签订购销合同、确认制造企业的采购订单、销售发货等
	财务经理	编制公司财务预算、进行财务分析、处理日常财务工作、编制财务报表、保管会计资料、现金收付、银行结算等，保管库存现金

续表

企业类型	岗位名称	工作职责描述
商贸企业（经销商）	总经理	组织制定公司总体战略与年度经营规划；建立健全公司的管理体系与组织结构；组织制定公司基本管理制度；主持公司的日常经营管理工作；对公司经营管理目标负责；主持召开企业重大决策会议；各职能部门经理的任免
	行政经理	缴纳社会保险、公积金、核算工资、劳动关系管理
	采购经理	采购及销售岗位的业务。采购岗位的主要任务是制订采购计划、与制造企业签订购销合同、确认制造企业的销售订单、采购入库等
	营销经理	虚拟市场的开拓、签订销售订单、销售发货等
	仓储经理	验收入库管理、储存保管、出库配送管理、物料盘点、库存控制
	财务经理	编制公司财务预算、进行财务分析、处理日常财务工作、编制财务报表、保管会计资料
	出纳	现金收付、银行结算等有关账务，保管库存现金

表1-10　外围服务机构工作职责描述

企业类型	岗位名称	工作职责描述
物流公司	总经理	处理日常财务工作、保管会计资料；制订计划与流程管理；物流网络体系建设，物流承运商管理，仓储管理；销售与市场支持；部门行政管理等
	业务经理	物流业务的管理、协调，物流资源的整合；业务范围内的市场开发，业务的洽谈、签约和风险控制；商务合同的制定；运输管理，车辆管理等
招投标公司	总经理	负责拟定并完善招投标管理办法及招投标工作流程，负责采购项目的招投标工作，根据计划安排招标时间，编写招标文件，整理投标单位资料，发放招标文件，组织考察，询标，编写评标结果报告，发放中标通知书
会计师事务所	项目经理	能够独立完成童车制造企业的常规审计工作管控，例如内部审计、财务报表审计、代理记账业务承接的洽谈与审核等，并有能力进行有效的风险评估，及时确认问题并提出解决方案，有效管理审计团队
会计师事务所	审计师	熟知公司法、审计准则、会计制度、税收法规、地方规定和审计准则，具有注册会计师执业资格；制订审计计划、项目方案，复核工作底稿，汇总审计差异并进行审计调整，出具审计报告等；代理记账业务中重点偏向报税、缴税、报表分析等；需要具有良好的写作技能，草拟重要文件，包括客户交换意见书、管理建议书等
	审计助理员	完成项目组分配的所有工作，包括被审计制造企业原始凭证的收集，调研访谈笔录，审计报告底稿整理，审计意见附表准备，代理记账业务处理；具有良好的写作技能，能够有效草拟重要文件，包括客户交换意见书、管理建议书等

续表

企业类型	岗位名称	工作职责描述
国际贸易企业	总经理	组织开展企业内部会议；了解外贸术语；凭单业务审核；审核发货单；审核入库通知单；审核入库单；审核支票；审核借款单；支付现金；在销售合同上签字、盖章，寄给进口商；审核商业发票；审核装箱单；审核订舱委托书；审核送货通知单；审核出库单；分发采购计划；审核合同；合同盖章
国际贸易企业	进出口经理	了解外贸术语；填写支出凭单；填写支票；登记支票登记簿；选中目标客户；向进口商发建交函；进口商询盘；出口报价核算；起草发盘函；发盘、还盘、再还盘、接受；双方接受合同条款；填写销售合同会签单；审批销售合同，寄给进口商；依合同明确开证时间和种类；催开信用证；买方申请开证；登记库存台账；委托报检行申报检验；获得检验证书后报关等
国际贸易企业	内陆业务经理	了解外贸术语；接到制造企业的发货单；填写入库通知单；向物流公司下达入库通知单；接到物流公司的入库单（国贸联）；登记库存台账；填写支出凭单；填写支票；登记支票登记簿；填写借款单；编制采购计划；合同会签
连锁企业	总经理	组织开展企业内部会议；货物验收；填写采购入库单、货物卡；业务审核；督促、归集、核对上缴营业款；登记门店核算明细表；审核补货申请单、分类补货申请单；审核配送方案；审核给物流公司的送货通知；填写配送出库单；办理出库；运单签字；填制仓储中心补货申请单等
连锁企业	仓储经理	审核借款单；核对发货单、发票及实物；填写支出凭单；填写支票；登记支票登记簿；审核采购入库单；登记采购合同执行情况表；登记库存台账；接收补货申请单；请货分析；制定配货方案；将配送方案转化为配送通知单；审核、下达配送通知单；接收并确认配送通知单；备货；审核配送出库单；通知门店；审核补货申请单；分发采购计划；购销合同会签；审核退货入库单；盘点；审核盘点表；分析、审核盘盈亏报告表；支付代理记账款
连锁企业	东区店长	填写借款单；清点、检验运输货物；运单签字；填写补货入库单；审核补货入库单；办理入库；填写货物卡；登记库存台账；收款；开小票；开发票；整理商品陈列；核对现金、小票和商品；登记销售日报表；上缴营业款；报送销售日报表和销售流水小票；填制补货申请单；审核补货申请单；提交补货申请单；提供库存信息；接收并确认配送通知单；发现并确认残次商品；填写退货出库单；盘点；审核盘点表；分析、审核盘盈亏报告表
连锁企业	西区店长	填写借款单；清点、检验运输货物；运单签字；填写补货入库单；审核补货入库单；办理入库；填写货物卡；登记库存台账；收款；开小票；开发票；整理商品陈列；核对现金、小票和商品；登记销售日报表；上缴营业款；报送销售日报表和销售流水小票；填制补货申请单；审核补货申请单；提交补货申请单；提供库存信息；接收并确认配送通知单；发现并确认残次商品；填写退货出库单；盘点；审核盘点表；分析、审核盘盈亏报告表

续表

企业类型	岗位名称	工作职责描述
银行	柜员	银行开户、银行转账、代发工资、委托收款业务、银行信贷、出售银行票据、档案管理；国际结算，与信用证进行检查核对；代（开证行）支付货款；提供结汇水单
服务公司	业务员	人力推荐、人才培训；广告服务；市场开发；认证管理；产品研发；代买火车票和机票；办公用品经销；厂房仓库租赁与销售；生产设备销售与回购等
进出口服务中心	检验检疫局办事员	接受报检；实施检验；检验合格；发检验证书
	外汇局办事员	在核销单上加盖印章；发放核销单；在核销单（正本联和退税联）上加盖公章和签订日期；退还核销单退税联给出口方
海关总署	海关官员	接受申报；审核单证；查验货物；征税；结关放行
税务局	税务专管员	及时了解国家、地方的财税新政策；承办有关税务方面事务工作；税务稽查、纳税申报、纳税辅导、税务登记、发票领购、纳税检查、办税指南、税率税种
市场监督管理局	市场监督管理局专管员	受理企业核名；工商注册登记；工商监督；广告、合同和商标管理
人社局	社保公积金专管员	为参保单位、职工和个体进行参保登记；建立、修改参保人员基础资料；建立个人账户、记账；企业多险种社保基金征集；社会保险关系转移；社会保险费征收；档案管理；咨询服务（提供社保相关政策咨询）

4. 召开制造企业管理层内部会议

制造企业是整个实训环节的核心机构，全部实训任务围绕制造企业业务进行。制造企业团队组建成功，各岗位自助上岗后，在正式开始经营管理前，团队内部需要不断磨合，可以通过召开内部会议方式，交流思想观点，促进彼此认知和了解。总经理要时刻关注团队建设，以更好地完成新任领导班子确定的工作目标。制造企业管理层内部会议工作流程如表1-11所示。

破冰游戏

表1-11 制造企业管理层内部会议工作流程

序号	操作步骤	角色	操作内容
1	公司成立致辞	总经理	1. 欢迎各位成员的加入； 2. 阐述企业经营口号、经营规划与目标； 3. 提出实训期间各管理层的成长目标、工作期望
2	组织自我介绍	总经理、各部门经理	1. 组织破冰游戏，管理层彼此熟悉了解； 2. 管理层工作表态，阐述未来工作打算
3	提出工作要求	总经理	1. 公司经营管理制度构思； 2. 管理层工作要求
4	建立沟通渠道	总经理、各部门经理	1. 为员工提供相互了解的平台，建立内部交流群； 2. 编制公司通信录并公布

5. 发放办公用品

企业各种人员自助上岗后,在正式开展工作之前,需要领取实训物品及各类办公用品,保障实训工作顺利开展。

1.4.5 实训思考

岗位说明书在工作中的具体作用是什么?

办公用品
发放清单

项目2

期初建账

 期初建账背景

　　VBSE 实训系统中共有 N 家制造企业，创建近两年，主打产品是经济型童车，年产值约 3000 万元。随着市场竞争的日趋激烈，为求生存和发展，董事会要求后期 5 个季度内实现收入翻倍增长。

　　新的管理团队成立之后，要与上一代管理者进行各项业务交接，尤其关键的是要梳理清楚各部门未完结的各项任务，以使各项业务能够连贯地延续开展。部门职责不同，决定了其管理的业务类型不同，交接工作也有所不同。

项目目标

(1) 了解企业期初建账的重要性及意义。
(2) 掌握各岗位期初建账的工作流程及方法。
(3) 了解企业期初建账过程中存在的问题及失误。
(4) 熟悉企业基本情况。
(5) 建立本公司的期初账目。

项目任务

1. 期初建账的原因
(1) 我们接手的是一个运营了一年九个月的制造企业。
(2) 上届班子给我们留下了资源和未完结的业务。
(3) 作为新一届管理班子应如何开展宏图大业。
2. 期初建账的目的
(1) 设定公司运营起点。
(2) 清理企业现实资源。

（3）梳理公司中的运行业务。

（4）了解本企业的运营程序与规则。

（5）熟悉岗位业务流程与对象。

3. 期初建账的任务分工

实训任务 2.1　企业管理部期初建账

2.1.1　实训目标

（1）了解企业管理部岗位职责。
（2）掌握企业管理部期初建账的工作流程及方法。

2.1.2　实训内容

企业管理部岗位职责、企业管理部期初建账流程。

2.1.3　实训工具

VBSE 实训系统软件、多媒体教室。

2.1.4　实训步骤

1. 企业管理部经理读懂期初数据

企业管理部部门情况说明：企业管理部目前有企业管理部经理（企业管理部经理由总经理兼任）和行政助理两个工作人员。截至 2019 年 12 月 31 日，企业管理人员在岗 18 人，车间工人 40 名，平均分布在 2 个车间之中。企业组织架构如图 2-1 所示。

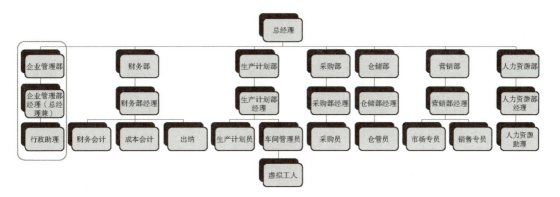

图 2-1　企业组织架构

2. 企业管理部岗位职责说明

企业管理部是企业的重要业务部门，主要负责企业管理及运营，上下联络沟通，及时向领导汇报情况，督查和考核各部门的工作，如行政文案事务、内务后勤、制度规程、监督管理等工作。

3. 企业管理部工作交接情况说明

（1）固定资产列表。固定资产列表如表 2-1 所示。企业应加强资产管理，进一步明确全体员工对资产的占有、使用责任，规范企业人员岗位变动（含内部调整、退休、调离企业、辞职等）的资产交接手续。

表 2-1 固定资产列表

资产编号	资产名称	使用部门	使用状态	使用期限/月	开始使用日期	已计提月份	资产原值/元	残值/元	累计折旧/元	月折旧额/元	资产净值/元	折旧科目
0100001	办公大楼	企业管理部	在用	240	2018.09.15	15	12000000.00	600000.00	712500.00	47500.00	11287500.00	管理费用
0100002	普通仓库	仓储部	在用	240	2018.09.15	15	5400000.00	270000.00	320625.00	21375.00	5079375.00	管理费用
0100003	大厂房	生产计划部	在用	240	2018.09.15	15	7200000.00	360000.00	427500.00	28500.00	6772500.00	制造费用
0200001	普通机床(机加生产线)	生产计划部	在用	120	2018.09.15	15	210000.00	—	26250.00	1750.00	183750.00	制造费用—机加
0200002	普通机床(机加生产线)	生产计划部	在用	120	2018.09.15	15	210000.00	—	26250.00	1750.00	183750.00	制造费用—机加
0200003	普通机床(机加生产线)	生产计划部	在用	120	2018.09.15	15	210000.00	—	26250.00	1750.00	183750.00	制造费用—机加
0200004	普通机床(机加生产线)	生产计划部	在用	120	2018.09.15	15	210000.00	—	26250.00	1750.00	183750.00	制造费用—机加
0200005	普通机床(机加生产线)	生产计划部	在用	120	2018.09.15	15	210000.00	—	26250.00	1750.00	183750.00	制造费用—机加
0200006	普通机床(机加生产线)	生产计划部	在用	120	2018.09.15	15	210000.00	—	26250.00	1750.00	183750.00	制造费用—机加
0200007	普通机床(机加生产线)	生产计划部	在用	120	2018.09.15	15	210000.00	—	26250.00	1750.00	183750.00	制造费用—机加
0200008	普通机床(机加生产线)	生产计划部	在用	120	2018.09.15	15	210000.00	—	26250.00	1750.00	183750.00	制造费用—机加
0200009	普通机床(机加生产线)	生产计划部	在用	120	2018.09.15	15	210000.00	—	26250.00	1750.00	183750.00	制造费用—机加
0200010	普通机床(机加生产线)	生产计划部	在用	120	2018.09.15	15	210000.00	—	26250.00	1750.00	183750.00	制造费用—机加
0200011	组装生产线	生产计划部	在用	120	2018.09.15	15	510000.00	—	63750.00	4250.00	446250.00	制造费用—组装
0300001	笔记本电脑	企业管理部	在用	48	2018.09.15	15	6000.00	—	1875.00	125.00	4125.00	管理费用
0300002	笔记本电脑	人力资源部	在用	48	2018.09.15	15	6000.00	—	1875.00	125.00	4125.00	管理费用
0300003	笔记本电脑	财务部	在用	48	2018.09.15	15	6000.00	—	1875.00	125.00	4125.00	管理费用

项目2　期初建账

续表

资产编号	资产名称	使用部门	使用状态	使用期限/月	开始使用日期	已计提月份	资产原值/元	残值/元	累计折旧/元	月折旧额/元	资产净值/元	折旧科目
0300004	笔记本电脑	采购部	在用	48	2018.09.15	15	6000.00	—	1875.00	125.00	4125.00	管理费用
0300005	笔记本电脑	营销部	在用	48	2018.09.15	15	6000.00	—	1875.00	125.00	4125.00	销售费用
0300006	笔记本电脑	仓储部	在用	48	2018.09.15	15	6000.00	—	1875.00	125.00	4125.00	管理费用
0300007	笔记本电脑	生产计划部	在用	48	2018.09.15	15	6000.00	—	1875.00	125.00	4125.00	制造费用
0300008	台式电脑	财务部	在用	48	2018.09.15	15	4800.00	—	1500.00	100.00	3300.00	管理费用
0300009	台式电脑	财务部	在用	48	2018.09.15	15	4800.00	—	1500.00	100.00	3300.00	管理费用
0300010	台式电脑	企业管理部	在用	48	2018.09.15	15	4800.00	—	1500.00	100.00	3300.00	管理费用
0300011	台式电脑	人力资源部	在用	48	2018.09.15	15	4800.00	—	1500.00	100.00	3300.00	管理费用
0300012	台式电脑	财务部	在用	48	2018.09.15	15	4800.00	—	1500.00	100.00	3300.00	管理费用
0300013	台式电脑	采购部	在用	48	2018.09.15	15	4800.00	—	1500.00	100.00	3300.00	管理费用
0300014	台式电脑	营销部	在用	48	2018.09.15	15	4800.00	—	1500.00	100.00	3300.00	销售费用
0300015	台式电脑	营销部	在用	48	2018.09.15	15	4800.00	—	1500.00	100.00	3300.00	销售费用
0300016	台式电脑	仓储部	在用	48	2018.09.15	15	4800.00	—	1500.00	100.00	3300.00	管理费用
0300017	台式电脑	生产计划部	在用	48	2018.09.15	15	4800.00	—	1500.00	100.00	3300.00	制造费用
0300018	台式电脑	生产计划部	在用	48	2018.09.15	15	4800.00	—	1500.00	100.00	3300.00	制造费用
0300019	打印复印一体机	企业管理部	在用	48	2018.09.15	15	24000.00	—	7500.00	500.00	16500.00	管理费用
合计	—	—	—	—	—	—	1824000.00	—	121600.00	25504800.00	—	—

企业固定资产交接步骤一般如下：

①岗位变动前由原所在部门资产管理员将本部门所占有、使用的各类固定资产编造清册，注明资产购置日期、数量、金额、存放地点、归口管理部门、具体使用人，由资产管理员签字加盖部门公章后送当事人核实。

②岗位变动人员对部门资产清册进行核查，以备向接收方移交。

③由企业管理部（资产管理处）牵头会同相关职能部门组成监督交接组，对管理使用的资产移交过程进行监督，并由三方签字确认。

④涉及房屋交接的，由企业管理部（资产管理处）参与接收或监督交接。

⑤资产交接完毕后，可由企业管理部（资产管理处）签发"工作人员调离现岗位资产交接手续履行完毕告知书"，告知书一式三份，当事人、原部门和资产管理处各一份。

签章保管内容

（2）资产设备购买规则：

①厂房信息如表2-2所示。

表2-2 厂房信息

厂房类型	使用期限/年	厂房面积/m²	厂房容积/m³	容量	售价/万元	期初数量/个
小厂房	20	800	4800	12台机床位	480	0
大厂房	20	1000	6000	20台机床位	720	1

②生产设备信息如表2-3所示。

表2-3 生产设备信息

生产设备名称	生产设备类型	购置费/万元	使用期限/年	生产能力（台/虚拟1天）		
				经济	舒适	豪华
普通机床	机床	21	10	500	500	0
数控机床	机床	72	10	3000	3000	3000
组装流水线	生产线	51	10	7000	7000	6000

③仓库信息如表2-4所示。

表2-4 仓库信息

仓库类型	使用期限/年	仓库面积/m²	仓库容积/m³	仓库总存储容积/m³	售价/万元
普通仓库	20	500	3000	300000	540

4. 企业管理部工作交接重难点讲解

（1）企业管理部负责企业固定资产的管理工作。在工作交接时，企业中拥有登记在案的固定资产共33项。制造企业每个月的25日进行固定资产折旧的计提，工作交接中所登记的相关信息，为2019年12月25日计提折旧完成之后所显示的数据。

（2）企业管理部在工作交接的时候需要根据现有固定资产状况，在系统中进行固定资产卡片的填写。为了简易起见，只需要以每个类型的固定资产为例，填写8张固定资产卡片，分别是：0100001 办公大楼；0100002 普通仓库；0100003 大厂房；0200001 普通机床（机加生产线）；0200011 组装生产线；0300001 笔记本电脑；0300008 台式电脑；0300019 打印复印一体机。

（3）固定资产卡片中需要填写资产编号（8 张卡片编号分别为 001~008）、日期、固定资产编号、固定资产名称、类别型号（01/02/03），分别对应资产名称（房屋建筑/生产设备/办公设备）、使用部门、增加方式、使用状况、预计使用年限、折旧方法、开始使用日期、已计提月份、原值、累计折旧、净值、折旧费用类别。

（4）固定资产卡片中不需填写规格型号、存放地点、保管人。

（5）所有固定资产卡片当中的"日期"写"2020 年 01 月 05 日"，每填写完成一张固定资产卡片之后，点击右侧"保存"按钮，之后点击上方的"+"号新增固定资产卡片。切记在所有固定资产填写完成之前不可点击"完成"按钮。

（6）企业管理部需要将表 2-1 固定资产列表的所有相关信息提供给财务会计。

（7）企业管理部需要将表 2-1 固定资产列表的编号为 0100002 的固定资产信息提供给仓储部。

（8）企业管理部需要将表 2-1 固定资产列表的编号为 0100003 以及 0200001~0200011 的固定资产信息提供给生产计划部。

（9）企业管理部需要将固定资产根据折旧科目的不同统计出不同的折旧费用，将相关合计信息在月底的时候提供给财务部经理。

5. 工作交接成果

行政助理填写固定资产卡片，以分类填写为 8 张，完全填写则为 33 张。

6. 期初存货（如表 2-5 所示）

表 2-5 期初存货

存货编码	存货类型	存货名称	计量单位	期初库存量	成本单价/元	占用存储容积/m³	期初金额/元
B0001	原材料	钢管	根	10800	105.20	21600	1136160.00
B0002	原材料	镀锌管	根	—	—	—	—
B0003	原材料	坐垫	个	5400	80.18	21600	432972.00
B0004	原材料	记忆太空棉坐垫	个	—	—	—	—
B0005	原材料	车篷	个	5400	144.26	10800	779004.00
B0006	原材料	车轮	个	21600	26.89	5400	580824.00
B0007	原材料	经济型童车包装套件	套	5400	90.16	10800	486864.00
B0008	原材料	数控芯片	片	—	—	—	—
B0009	原材料	舒适型童车包装套件	套	—	—	—	—
B0010	原材料	豪华型童车包装套件	套	—	—	—	—
M0001	半成品	经济型童车车架	个	5400	346.24	54000	1869696.00
M0002	半成品	舒适型童车车架	个	—	—	—	—
M0003	半成品	豪华型童车车架	个	—	—	—	—
P0001	产成品	经济型童车	辆	5400	756.82	54000	4086828.00
P0002	产成品	舒适型童车	辆	—	—	—	—
P0003	产成品	豪华型童车	辆	—	—	—	—

7. 其他信息

上年度年营业收入 35086427.04 元，年纳税额 2353355.04 元。

2.1.5 实训思考

（1）哪些部门需要做期初数据？
（2）企业共有几项固定资产？

实训任务 2.2　人力资源部期初建账

2.2.1　实训目标

（1）了解人力资源部岗位职责。
（2）掌握人力资源部期初建账的工作流程及方法。

2.2.2　实训内容

人力资源部岗位职责、人力资源部期初建账流程。

2.2.3　实训工具

VBSE 实训系统软件、多媒体教室。

2.2.4　实训步骤

1. 人力资源部经理读懂期初数据

人力资源部部门情况说明：人力资源部目前有人力资源部经理和人力资源助理两名工作人员。

2. 人力资源部岗位职责说明

人力资源部是企业的重要部门，是企业发展的助推器，其核心职能是选、训、考、用、留五个方面。

3. 人力资源部工作交接情况说明

（1）企业各部门人员概况如表 2-6 所示。

表 2-6　企业各部门人员概况

部门	岗位名称	岗位级别	在编人数	直接上级
企业管理部	总经理（兼企业管理部经理）	总经理	1	董事会（指导老师）
	行政助理	职能管理人员	1	企业管理部经理（总经理）
营销部	营销部经理	部门经理	1	总经理
	市场专员	职能管理人员	1	营销部经理
	销售专员	职能管理人员	1	营销部经理
生产计划部	生产计划部经理	部门经理	1	总经理
	车间管理员	职能管理人员	1	生产计划部经理
	生产计划员	职能管理人员	1	生产计划部经理
	初级工人	工人	25	车间管理员
	中级工人	工人	15	车间管理员
仓储部	仓储部经理	部门经理	1	总经理
	仓管员	职能管理人员	1	仓储部经理

续表

部门	岗位名称	岗位级别	在编人数	直接上级
采购部	采购部经理	部门经理	1	总经理
	采购员	职能管理人员	1	采购部经理
人力资源部	人力资源部经理	部门经理	1	总经理
	人力资源助理	职能管理人员	1	人力资源部经理
财务部	财务部经理	部门经理	1	总经理
	成本会计	职能管理人员	1	财务部经理
	财务会计	职能管理人员	1	财务部经理
	出纳	职能管理人员	1	财务部经理

（2）工资概况如表 2-7 所示。

表 2-7　企业各部门人员工资概况

人员类别	月基本工资
总经理	12000.00 元
部门经理	7500.00 元
职能管理人员	5500.00 元
营销部员工	4500.00 元
初级/中级/高级工人	3600.00 元/4000.00 元/4600.00 元

（3）2020 年社保及住房公积金缴纳比例如表 2-8 所示。

表 2-8　企业人员社保及住房公积金缴纳比例

| 分类 | 养老 | 失业 | 工伤 | 生育 | 医疗 | | 住房公积金 |
					基本医疗	大额互助	
单位	20%	1.0%	0.3%	0.8%	9%	1%	10%
个人	8%	0.2%	0	0	2%	3 元	10%

（4）个人所得税税率如表 2-9 所示。

个人所得税按照相应的比例缴纳，其计算方式为：

个人所得税＝本月应纳税所得额×税率－速算扣除数

表 2-9　个人所得税税率

级数	全年应纳税所得额	税率/%	速算扣除数
1	不超过 36000 元的	3	0
2	超过 36000 元至 144000 元的部分	10	2520
3	超过 144000 元至 300000 元的部分	20	16920
4	超过 300000 元至 420000 元的部分	25	31920
5	超过 420000 元至 660000 元的部分	30	52920

续表

级数	全年应纳税所得额	税率/%	速算扣除数
6	超过 660000 元至 960000 元的部分	35	85920
7	超过 960000 元的部分	45	181920

注：本表所称全年应纳税所得额是指居民个人全年取得综合所得，以每一纳税年度收入额减除费用 6 万元以及专项扣除、专项附加扣除和依法确定的其他扣除后的余额。

（5）个人缴纳社保及住房公积金计算（2019 年 12 月）如表 2-10 所示。

（6）企业缴纳社保及住房公积金计算（2019 年 12 月）如表 2-11 所示。

（7）个人所得税及实发工资计算（2019 年 12 月）如表 2-12 所示。

（8）薪资计算表（2019 年 12 月）如表 2-13 所示。

（9）薪资部门汇总表（2019 年 12 月）如表 2-14 所示。

4. 人力资源部工作交接重难点讲解

（1）人力资源部需要将表 2-14 薪资部门汇总表（2019 年 12 月）的相关信息提供给财务会计，并且告知财务会计共需发放多少工资，共需缴纳多少社会保险，共需缴纳多少住房公积金，共需缴纳多少个人所得税。对于财务部而言，只需要知道最后每个人发放多少工资即可，但是人力资源部需要知道工资的计算方式以及每个部门需要发放的工资合计。

一文彻底讲明白五险一金

（2）人力资源部需要知道每个人每个月的工资的计算方式。以工号 1001 梁天为例，进行工资计算：

应税工资 = 基本工资 - 个人缴纳五险一金合计
　　　　 = 12000 - 2427
　　　　 = 9573（元）

当月个税 =（累计收入 - 累计五险一金 - 累计专项附加扣除 - 累计减除费用）× 预扣税率 - 速算扣除数 - 累计已缴纳税额

当月个税 =（12000×12 - 2427×12 - 0 - 5000×12）×10% -
　　　　　2520 - [（12000×11 - 2427×11 - 0 - 5000×11）×10% - 2520]
　　　　 = 457.3（元）

实发工资 = 基本工资 - 个人缴纳五险一金合计 - 个人所得税
　　　　 = 12000 - 2427 - 457.3
　　　　 = 9115.7（元）

企业支出（财务记账）= 基本工资 + 企业缴纳五险一金合计
　　　　　　　　　　= 12000 + 5052
　　　　　　　　　　= 17052（元）

（3）机加车间和组装车间分别有 20 个工人，其中，机加车间的 20 个工人全部是初级工人，组装车间的 20 个工人中有 5 个是初级工人，15 个是中级工人。人力资源需要将此信息提供给生产计划部门，并与生产计划部门确认工人用工规则，了解雇用原理。

表 2-10 个人缴纳社保及住房公积金计算

单位：元

工号	姓名	部门	岗位	基本工资	个人缴纳五险一金						住房公积金（10%）	五险一金小计
					养老保险（8%）	医疗保险（2%+3）	失业保险（0.2%）	工伤保险	生育保险	五险小计		
1001	梁天	企业管理部	总经理	12000.00	960.00	243.00	24.00	—	—	1227.00	1200.00	2427.00
1002	张万军	人力资源部	经理	7500.00	600.00	153.00	15.00	—	—	768.00	750.00	1518.00
1003	李斌	采购部	经理	7500.00	600.00	153.00	15.00	—	—	768.00	750.00	1518.00
1004	何明海	仓储部	经理	7500.00	600.00	153.00	15.00	—	—	768.00	750.00	1518.00
1005	钱坤	财务部	经理	7500.00	600.00	153.00	15.00	—	—	768.00	750.00	1518.00
1006	叶润中	生产计划部	经理	7500.00	600.00	153.00	15.00	—	—	768.00	750.00	1518.00
1007	杨笑笑	营销部	经理	7500.00	600.00	153.00	15.00	—	—	768.00	750.00	1518.00
1008	叶瑛	企业管理部	助理	5500.00	440.00	113.00	11.00	—	—	564.00	550.00	1114.00
1009	肖红	人力资源部	助理	5500.00	440.00	113.00	11.00	—	—	564.00	550.00	1114.00
1010	付海生	采购部	采购员	5500.00	440.00	113.00	11.00	—	—	564.00	550.00	1114.00
1011	王宝珠	仓储部	仓管员	5500.00	440.00	113.00	11.00	—	—	564.00	550.00	1114.00
1012	刘自强	财务部	成本会计	5500.00	440.00	113.00	11.00	—	—	564.00	550.00	1114.00
1013	朱中华	财务部	财务会计	5500.00	440.00	113.00	11.00	—	—	564.00	550.00	1114.00
1014	赵丹	财务部	出纳	5500.00	440.00	113.00	11.00	—	—	564.00	550.00	1114.00
1015	周群	生产计划部	生产计划员	5500.00	440.00	113.00	11.00	—	—	564.00	550.00	1114.00
1016	孙盛国	生产计划部	车间管理员	5500.00	440.00	113.00	11.00	—	—	564.00	550.00	1114.00
……												
1044	田勤	组装车间	中级工人	4000.00	320.00	83.00	8.00	—	—	411.00	400.00	811.00
……												

表 2-11 企业缴纳社保及住房公积金计算

单位：元

工号	姓名	部门	岗位	基本工资	企业缴纳五险一金						住房公积金（10%）	五险一金小计
					养老保险（20%）	医疗保险（10%）	失业保险（1.0%）	工伤保险（0.3%）	生育保险（0.8%）	五险小计		
1001	梁天	企业管理部	总经理	12000.00	2400.00	1200.00	120.00	36.00	96.00	3852.00	1200.00	5052.00
1002	张万军	人力资源部	经理	7500.00	1500.00	750.00	75.00	22.50	60.00	2407.50	750.00	3157.50
1003	李斌	采购部	经理	7500.00	1500.00	750.00	75.00	22.50	60.00	2407.50	750.00	3157.50
1004	何明海	仓储部	经理	7500.00	1500.00	750.00	75.00	22.50	60.00	2407.50	750.00	3157.50
1005	钱坤	财务部	经理	7500.00	1500.00	750.00	75.00	22.50	60.00	2407.50	750.00	3157.50
1006	叶润中	生产计划部	经理	7500.00	1500.00	750.00	75.00	22.50	60.00	2407.50	750.00	3157.50
1007	杨笑笑	营销部	经理	7500.00	1500.00	750.00	75.00	22.50	60.00	2407.50	750.00	3157.50
1008	叶琪	企业管理部	助理	5500.00	1100.00	550.00	55.00	16.50	44.00	1765.50	550.00	2315.50
1009	肖红	人力资源部	助理	5500.00	1100.00	550.00	55.00	16.50	44.00	1765.50	550.00	2315.50
1010	付海生	采购部	采购员	5500.00	1100.00	550.00	55.00	16.50	44.00	1765.50	550.00	2315.50
1011	王宝珠	仓储部	仓管员	5500.00	1100.00	550.00	55.00	16.50	44.00	1765.50	550.00	2315.50
1012	刘自强	财务部	成本会计	5500.00	1100.00	550.00	55.00	16.50	44.00	1765.50	550.00	2315.50
1013	朱中华	财务部	财务会计	5500.00	1100.00	550.00	55.00	16.50	44.00	1765.50	550.00	2315.50
1014	赵丹	财务部	出纳	5500.00	1100.00	550.00	55.00	16.50	44.00	1765.50	550.00	2315.50
1015	周群	生产计划部	生产计划员	5500.00	1100.00	550.00	55.00	16.50	44.00	1765.50	550.00	2315.50
1016	孙盛国	生产计划部	车间管理员	5500.00	1100.00	550.00	55.00	16.50	44.00	1765.50	550.00	2315.50
……												
1044	田勤	组装车间	中级工人	4000.00	800.00	400.00	40.00	12.00	32.00	1284.00	400.00	1684.00
……												

表2-12 个人所得税及实发工资计算

单位：元

工号	姓名	部门	岗位	基本工资	代扣款项 五险一金小计	应税工资	应扣个人所得税	实发工资
1001	梁天	企业管理部	总经理	12000.00	2427.00	9573.00	457.3	9115.70
1002	张万军	人力资源部	经理	7500.00	1518.00	5982.00	29.46	5952.54
1003	李斌	采购部	经理	7500.00	1518.00	5982.00	29.46	5952.54
1004	何明海	仓储部	经理	7500.00	1518.00	5982.00	29.46	5952.54
1005	钱坤	财务部	经理	7500.00	1518.00	5982.00	29.46	5952.54
1006	叶润中	生产计划部	经理	7500.00	1518.00	5982.00	29.46	5952.54
1007	杨笑笑	营销部	经理	7500.00	1518.00	5982.00	29.46	5952.54
1008	叶瑛	企业管理部	助理	5500.00	1114.00	4386.00	0.00	4386.00
1009	肖红	人力资源部	助理	5500.00	1114.00	4386.00	0.00	4386.00
1010	付海生	采购部	采购员	5500.00	1114.00	4386.00	0.00	4386.00
1011	王宝珠	仓储部	仓管员	5500.00	1114.00	4386.00	0.00	4386.00
1012	刘自强	财务部	成本会计	5500.00	1114.00	4386.00	0.00	4386.00
1013	朱中华	财务部	财务会计	5500.00	1114.00	4386.00	0.00	4386.00
1014	赵丹	财务部	出纳	5500.00	1114.00	4386.00	0.00	4386.00
1015	周群	生产计划部	生产计划员	5500.00	1114.00	4386.00	0.00	4386.00
1016	孙盛国	生产计划部	车间管理员	5500.00	1114.00	4386.00	0.00	4386.00
……								
1044	田勤	组装车间	中级工人	4000.00	811.00	3189.00	0.00	3189.00
……								

项目 2　期初建账

表 2-13　薪资计算表

单位：元

工号	姓名	部门	岗位	基本工资	代扣款项目									应税工资	应扣个人所得税	实发金额
					养老保险（8%）	医疗保险（2%+3）	失业保险（0.2%）	工伤保险	生育保险	五险小计	住房公积金（10%）	五险一金小计				
1001	梁天	企业管理部	总经理	12000.00	960.00	243.00	24.00	—	—	1227.00	1200.00	2427.00	9573.00	457.30	9115.70
1002	张万军	人力资源部	经理	7500.00	600.00	153.00	15.00	—	—	768.00	750.00	1518.00	5982.00	29.46	5952.54
1003	李斌	采购部	经理	7500.00	600.00	153.00	15.00	—	—	768.00	750.00	1518.00	5982.00	29.46	5952.54
1004	何明海	仓储部	经理	7500.00	600.00	153.00	15.00	—	—	768.00	750.00	1518.00	5982.00	29.46	5952.54
1005	钱坤	财务部	经理	7500.00	600.00	153.00	15.00	—	—	768.00	750.00	1518.00	5982.00	29.46	5952.54
1006	叶润中	生产计划部	经理	7500.00	600.00	153.00	15.00	—	—	768.00	750.00	1518.00	5982.00	29.46	5952.54
1007	杨笑笑	营销部	经理	7500.00	600.00	153.00	15.00	—	—	768.00	750.00	1518.00	5982.00	29.46	5952.54
1008	叶瑛	企业管理部	助理	5500.00	440.00	113.00	11.00	—	—	564.00	550.00	1114.00	4386.00	—	4386.00
1009	肖红	人力资源部	助理	5500.00	440.00	113.00	11.00	—	—	564.00	550.00	1114.00	4386.00	—	4386.00
1010	付海生	采购部	采购员	5500.00	440.00	113.00	11.00	—	—	564.00	550.00	1114.00	4386.00	—	4386.00
1011	王宝珠	仓储部	仓管员	5500.00	440.00	113.00	11.00	—	—	564.00	550.00	1114.00	4386.00	—	4386.00
1012	刘自强	财务部	成本会计	5500.00	440.00	113.00	11.00	—	—	564.00	550.00	1114.00	4386.00	—	4386.00
1013	朱中华	财务部	财务会计	5500.00	440.00	113.00	11.00	—	—	564.00	550.00	1114.00	4386.00	—	4386.00
1014	赵丹	财务部	出纳	5500.00	440.00	113.00	11.00	—	—	564.00	550.00	1114.00	4386.00	—	4386.00
1015	周群	生产计划部	生产计划员	5500.00	440.00	113.00	11.00	—	—	564.00	550.00	1114.00	4386.00	—	4386.00
1016	孙盛国	生产计划部	车间管理员	5500.00	440.00	113.00	11.00	—	—	564.00	550.00	1114.00	4386.00	—	4386.00
1017	马博	营销部	市场专员	4500.00	360.00	93.00	9.00	—	—	462.00	450.00	912.00	3588.00	—	3588.00
1018	刘思羽	营销部	销售专员	4500.00	360.00	93.00	9.00	—	—	462.00	450.00	912.00	3588.00	—	3588.00
1019	李良钊	机加车间	初级工人	3600.00	288.00	75.00	7.20	—	—	370.20	360.00	730.20	2869.80	—	2869.80
1020	付玉芳	机加车间	初级工人	3600.00	288.00	75.00	7.20	—	—	370.20	360.00	730.20	2869.80	—	2869.80

续表

| 工号 | 姓名 | 部门 | 岗位 | 基本工资 | 代扣款项目 ||||||||| 应税工资 | 应扣个人所得税 | 实发金额 |
						养老保险(8%)	医疗保险(2%+3)	失业保险(0.2%)	工伤保险	生育保险	五险小计	住房公积金(10%)	五险一金小计		
1021	张接义	机加车间	初级工人	3600.00	288.00	75.00	7.20	—	—	370.20	360.00	730.20	2869.80	—	2869.80
1022	毕红	机加车间	初级工人	3600.00	288.00	75.00	7.20	—	—	370.20	360.00	730.20	2869.80	—	2869.80
1023	吴淑敏	机加车间	初级工人	3600.00	288.00	75.00	7.20	—	—	370.20	360.00	730.20	2869.80	—	2869.80
1024	毛龙生	机加车间	初级工人	3600.00	288.00	75.00	7.20	—	—	370.20	360.00	730.20	2869.80	—	2869.80
1025	扈志明	机加车间	初级工人	3600.00	288.00	75.00	7.20	—	—	370.20	360.00	730.20	2869.80	—	2869.80
1026	李龙吉	机加车间	初级工人	3600.00	288.00	75.00	7.20	—	—	370.20	360.00	730.20	2869.80	—	2869.80
1027	吴官胜	机加车间	初级工人	3600.00	288.00	75.00	7.20	—	—	370.20	360.00	730.20	2869.80	—	2869.80
1028	雷丹	机加车间	初级工人	3600.00	288.00	75.00	7.20	—	—	370.20	360.00	730.20	2869.80	—	2869.80
1029	刘良生	机加车间	初级工人	3600.00	288.00	75.00	7.20	—	—	370.20	360.00	730.20	2869.80	—	2869.80
1030	余俊美	机加车间	初级工人	3600.00	288.00	75.00	7.20	—	—	370.20	360.00	730.20	2869.80	—	2869.80
1031	徐积福	机加车间	初级工人	3600.00	288.00	75.00	7.20	—	—	370.20	360.00	730.20	2869.80	—	2869.80
1032	潘俊辉	机加车间	初级工人	3600.00	288.00	75.00	7.20	—	—	370.20	360.00	730.20	2869.80	—	2869.80
1033	朱祥松	机加车间	初级工人	3600.00	288.00	75.00	7.20	—	—	370.20	360.00	730.20	2869.80	—	2869.80
1034	刘文钦	机加车间	初级工人	3600.00	288.00	75.00	7.20	—	—	370.20	360.00	730.20	2869.80	—	2869.80
1035	龚文辉	机加车间	初级工人	3600.00	288.00	75.00	7.20	—	—	370.20	360.00	730.20	2869.80	—	2869.80
1036	王小强	机加车间	初级工人	3600.00	288.00	75.00	7.20	—	—	370.20	360.00	730.20	2869.80	—	2869.80
1037	刘胜	机加车间	初级工人	3600.00	288.00	75.00	7.20	—	—	370.20	360.00	730.20	2869.80	—	2869.80
1038	刘贞	机加车间	初级工人	3600.00	288.00	75.00	7.20	—	—	370.20	360.00	730.20	2869.80	—	2869.80
1039	余永俊	组装车间	初级工人	3600.00	288.00	75.00	7.20	—	—	370.20	360.00	730.20	2869.80	—	2869.80
1040	万能	组装车间	初级工人	3600.00	288.00	75.00	7.20	—	—	370.20	360.00	730.20	2869.80	—	2869.80

续表

| 工号 | 姓名 | 部门 | 岗位 | 基本工资 | 代扣款项目 ||||||||| 应税工资 | 应扣个人所得税 | 实发金额 |
					养老保险(8%)	医疗保险(2%+3)	失业保险(0.2%)	工伤保险	生育保险	五险小计	住房公积金(10%)	五险一金小计			
1041	万俊俊	组装车间	初级工人	3600.00	288.00	75.00	7.20	—	—	370.20	360.00	730.20	2869.80	—	2869.80
1042	张逸君	组装车间	初级工人	3600.00	288.00	75.00	7.20	—	—	370.20	360.00	730.20	2869.80	—	2869.80
1043	訾海根	组装车间	初级工人	3600.00	288.00	75.00	7.20	—	—	370.20	360.00	730.20	2869.80	—	2869.80
1044	田勤	组装车间	中级工人	4000.00	320.00	83.00	8.00	—	—	411.00	400.00	811.00	3189.00	—	3189.00
1045	肖鹏	组装车间	中级工人	4000.00	320.00	83.00	8.00	—	—	411.00	400.00	811.00	3189.00	—	3189.00
1046	徐宏	组装车间	中级工人	4000.00	320.00	83.00	8.00	—	—	411.00	400.00	811.00	3189.00	—	3189.00
1047	田军	组装车间	中级工人	4000.00	320.00	83.00	8.00	—	—	411.00	400.00	811.00	3189.00	—	3189.00
1048	郑华珺	组装车间	中级工人	4000.00	320.00	83.00	8.00	—	—	411.00	400.00	811.00	3189.00	—	3189.00
1049	洪溧	组装车间	中级工人	4000.00	320.00	83.00	8.00	—	—	411.00	400.00	811.00	3189.00	—	3189.00
1050	冯奇	组装车间	中级工人	4000.00	320.00	83.00	8.00	—	—	411.00	400.00	811.00	3189.00	—	3189.00
1051	黄聪	组装车间	中级工人	4000.00	320.00	83.00	8.00	—	—	411.00	400.00	811.00	3189.00	—	3189.00
1052	薛湃	组装车间	中级工人	4000.00	320.00	83.00	8.00	—	—	411.00	400.00	811.00	3189.00	—	3189.00
1053	张世平	组装车间	中级工人	4000.00	320.00	83.00	8.00	—	—	411.00	400.00	811.00	3189.00	—	3189.00
1054	李小春	组装车间	中级工人	4000.00	320.00	83.00	8.00	—	—	411.00	400.00	811.00	3189.00	—	3189.00
1055	蔡丽娟	组装车间	中级工人	4000.00	320.00	83.00	8.00	—	—	411.00	400.00	811.00	3189.00	—	3189.00
1056	吴蒎祥	组装车间	中级工人	4000.00	320.00	83.00	8.00	—	—	411.00	400.00	811.00	3189.00	—	3189.00
1057	胡首科	组装车间	中级工人	4000.00	320.00	83.00	8.00	—	—	411.00	400.00	811.00	3189.00	—	3189.00
1058	邹建榕	组装车间	中级工人	4000.00	320.00	83.00	8.00	—	—	411.00	400.00	811.00	3189.00	—	3189.00

表 2-14 薪资部门汇总表

单位：元

部门名称	部门人数	实发工资	代缴个人所得税	个人自缴		企业代缴		合计
				社会保险	住房公积金	社会保险	住房公积金	
企业管理部	2	13501.70	457.30	1791.00	1750.00	5617.50	1750.00	24867.50
人力资源部	2	10338.54	29.46	1332.00	1300.00	4173.00	1300.00	18473.00
采购部	2	10338.54	29.46	1332.00	1300.00	4173.00	1300.00	18473.00
仓储部	2	10338.54	29.46	1332.00	1300.00	4173.00	1300.00	18473.00
财务部	4	19110.54	29.46	2460.00	2400.00	7704.00	2400.00	34104.00
营销部	3	13128.54	29.46	1692.00	1650.00	5296.50	1650.00	23446.50
生产计划部	43	14724.54	29.46	1896.00	1850.00	5938.50	1850.00	26288.50
机加车间	20	57396.00	—	7404.00	7200.00	23112.00	7200.00	102312.00
组装车间	20	62184.00	—	8016.00	7800.00	25038.00	7800.00	110838.00
总计	58	211060.94	634.06	27255.00	26550.00	85225.50	26550.00	377275.50

备注：2020 年 1 月，制造企业共需发放到员工银行账户的工资合计为 211060.4 元；2020 年 1 月，制造企业共需缴纳的社会保险为 27255.00+85225.50＝112480.50（元）；2020 年 1 月，制造企业共需缴纳的住房公积金为 26590.00+26590.00＝53100.00（元）；2020 年 1 月，制造企业共需为员工缴纳的个人所得税为 634.06（元）。

（4）制造企业在每个月的月底（25日）进行薪酬计算，计算的是当月应发的工资，计算完成之后不进行工资的发放，而是等到下个月的月初（5日）才进行工资的发放。

（5）2020年1月5日发放的是2019年12月的工资，应该按照系统中默认的信息（员工姓名）进行工资的发放。而2020年1月25日核算的工资，是2020年1月的工资，应该按照实际工作的学生姓名来进行工资的发放。

（6）人力资源部门还需要及时做好人员的考勤工作，对于缺勤人员适当地扣除工资。

2.2.5　实训思考

什么是五险一金？五险一金对于企业员工而言，有何作用？

实训任务 2.3　财务部期初建账

2.3.1　实训目标

（1）了解企业财务部岗位职责。
（2）掌握企业财务部期初建账的工作流程及方法。

2.3.2　实训内容

企业财务部岗位职责、企业财务部期初建账流程。

2.3.3　实训工具

VBSE 实训系统软件、多媒体教室。

2.3.4　实训步骤

1. 财务部经理读懂期初数据

财务部部门情况说明：财务部目前有财务部经理、财务会计、成本会计、出纳四个工作人员。

2. 财务部岗位职责说明

财务部是企业的重要管理部门，主要负责核算和监控企业经营情况、税务管理、资金筹措和运用、向利益关系人编送财务报告和经营管理报告等。

VBSE 实训单据填写

3. 财务部工作交接情况说明

（1）科目余额表如表 2-15 所示。
（2）制造企业会计科目表如表 2-16 所示。

4. 财务部工作交接重难点讲解

（1）所有账页当中的"日期"写"2020 年 01 月 05 日"。
（2）为方便管理，工作交接当中所有账页的记账凭证号数空着不填，所有账页的摘要写上月结转。
（3）每填写完成一张账页之后，点击右侧"保存"按钮。切记在所有账页填写完成之前不可点击"完成"按钮。
（4）科目余额表中的数据并不是进行简单的摘抄记录，还需要了解每一条数据的含义。

①科目 1403、140301、140302、140303、140304、140305、140306、140307、140308、140309、140310、1405、140501、140502、140503、1409、140901、140902、140903，需要从仓储部获取相关的库存信息进行数据对比工作。

②科目 1601、1602，需要从企业管理部获取相关的固定资产信息进行数据对比工作。

③科目 2211、221101、221103、221104，需要从人力资源部获取相关的人员薪酬发放统计表进行数据对比工作。

表2-15 科目余额表

科目编码	科目名称	期初余额/元 借方	期初余额/元 贷方	总账使用账簿	岗位	明细账使用账簿	岗位
1001	库存现金	20000.00		三栏式总分类账（总账）	财务部经理	日记账	出纳
1002	银行存款	10000000.00		三栏式总分类账（总账）	财务部经理		
100201	工行存款	10000000.00				日记账	出纳
1403	原材料	3415824.00		三栏式总分类账（总账）	财务部经理		
140301	钢管	1136160.00				数量金额明细账	成本会计
140302	坐垫	432972.00				数量金额明细账	成本会计
140303	车轮	580824.00				数量金额明细账	成本会计
140304	车篷	779004.00				数量金额明细账	成本会计
140305	经济型童车包装套件	486864.00				数量金额明细账	成本会计
1405	库存商品	4086828.00		三栏式总分类账（总账）	财务部经理		
140501	经济童车	4086828.00				数量金额明细账	成本会计
1409	自制半成品	1869696.00		三栏式总分类账（总账）	财务部经理		
140901	经济车架	1869696.00				数量金额明细账	成本会计
1601	固定资产	27328800.00		三栏式总分类账（总账）	财务部经理	三栏式总分类账（明细账）	财务会计
1602	累计折旧		1824000.00	三栏式总分类账（总账）	财务部经理		
2211	应付职工薪酬		3777275.50	三栏式总分类账（总账）	财务部经理		

续表

科目编码	科目名称	期初余额/元		总账使用账簿	岗位	明细账使用账簿	岗位
		借方	贷方				
221101	工资		265500.00			三栏式总分类账（明细账）	财务会计
221102	社会保险费		85225.50			三栏式总分类账（明细账）	财务会计
221103	住房公积金		26550.00			三栏式总分类账（明细账）	财务会计
2221	应交税费		170495.58	三栏式总分类账（总账）	财务部经理		
222101	应交增值税	0				多栏式明细账	财务会计
22210101	进项税额	321318.58					
22210102	销项税额		491814.16				
22210103	转出未交税金	170495.58					
222104	未交增值税		170495.58			三栏式总分类账（明细账）	财务会计
4001	实收资本		35000000.00	三栏式总分类账（总账）	财务部经理		
4101	盈余公积		396687.31	三栏式总分类账（总账）	财务部经理		
4104	利润分配		8952689.61	三栏式总分类账（总账）	财务部经理		
410401	未分配利润		8952689.61			三栏式总分类账（明细账）	财务会计
合计		44897148.00	44897148.00				

表 2-16 制造企业会计科目表

编号	名称	账簿设置	记账人	编号	名称	账簿设置	记账人
一、资产类				二、负债类			
1001	库存现金	总账/日记账	财务部经理/出纳	2001	短期借款	总账	财务部经理
1002	银行存款	总账	财务部经理	2201	应付票据	总账	财务部经理
100201	工行存款	日记账	出纳	2202	应付账款	总账	财务部经理
1012	其他货币资金	总账	财务部经理	220211	隆飞物流	三栏式明细账	财务会计
1101	交易性金融资产	总账	财务部经理	220212	融通服务	三栏式明细账	财务会计
1121	应收票据	总账	财务部经理	220213	丽华五金	三栏式明细账	财务会计
1122	应收账款	总账	财务部经理	220214	恒通工贸	三栏式明细账	财务会计
112211	旭日商贸	三栏式明细账	财务会计	220215	邦尼工贸	三栏式明细账	财务会计
112212	华晨商贸	三栏式明细账	财务会计	220216	思远工贸	三栏式明细账	财务会计
112213	仁利商贸	三栏式明细账	财务会计	220217	新耀工贸	三栏式明细账	财务会计
112214	天府商贸	三栏式明细账	财务会计	220218	新华招投标	三栏式明细账	财务会计
112228	湖北强盛	三栏式明细账	财务会计	220219	中国工商银行	三栏式明细账	财务会计
112229	湖北静洁	三栏式明细账	财务会计	220220	市场监督管理局	三栏式明细账	财务会计
112230	湖北丽华	三栏式明细账	财务会计	220221	税务局	三栏式明细账	财务会计
1123	预付账款	总账	财务部经理	220222	人社局	三栏式明细账	财务会计
1131	应收股利	总账	财务部经理	220223	海关	三栏式明细账	财务会计
1132	应收利息	总账	财务部经理	2203	预收账款	总账	财务部经理
1221	其他应收款	总账	财务部经理	2211	应付职工薪酬	总账	财务部经理
1231	坏账准备	总账	财务部经理	221101	工资	三栏式明细账	财务会计

续表

编号	名称	账簿设置	记账人	编号	名称	账簿设置	记账人
1401	材料采购	总账/数量金额明细账	财务部经理/成本会计	221103	社会保险	三栏式明细账	财务会计
1402	在途物资	总账/数量金额明细账	财务部经理/成本会计	221104	住房公积金	三栏式明细账	财务会计
1403	原材料	总账	财务部经理	2221	应交税费	总账	
140301	钢管	数量金额明细账	成本会计	222101	应交增值税	多栏式明细账	财务会计
140302	坐垫	数量金额明细账	成本会计	22210101	进项税额		
140303	车轮	数量金额明细账	成本会计	22210102	销项税额		
140304	车篷	数量金额明细账	成本会计	22210103	转出未交税金		
140305	经济型童车包装套件	数量金额明细账	成本会计	22210105	已交增值税	三栏式明细账	财务会计
140306	镀锌管	数量金额明细账	成本会计	222102	应交个人所得税	三栏式明细账	财务会计
140307	记忆太空棉坐垫	数量金额明细账	成本会计	222103	应交企业所得税	三栏式明细账	财务会计
140308	数控芯片	数量金额明细账	成本会计	222104	未交增值税	三栏式明细账	财务会计
140309	舒适型童车包装套件	数量金额明细账	成本会计	2231	应付利息	总账	财务部经理
140310	豪华型童车包装套件	数量金额明细账	成本会计	2232	应付股利	总账	财务部经理
1404	材料成本差异	总账/数量金额明细账	财务部经理/成本会计	2241	其他应付款	总账/三栏式明细账	财务部经理/财务会计
1405	库存商品	总账	财务部经理	2501	长期借款	总账	财务部经理
140501	经济型童车	数量金额明细账	成本会计	2502	应付债券	总账	财务部经理
140502	舒适型童车	数量金额明细账	成本会计	2701	长期应付款	总账	财务部经理
140503	豪华型童车	数量金额明细账	成本会计	2711	专项应付款	总账	财务部经理
1406	发出商品	总账	财务部经理	2801	预计负债	总账	财务部经理
1407	商品进销差价	总账	财务部经理	2901	递延所得税负债	总账	财务部经理
1408	委托加工物资	总账	财务部经理				

三、共同类（略）

续表

编号	名称	账簿设置	记账人	编号	名称	账簿设置	记账人
1409	自制半成品	总账	财务部经理		四、所有者权益类		
140901	经济型车架	数量金额明细账	成本会计	4001	实收资本	总账	财务部经理
140902	舒适车架	数量金额明细账	成本会计	4002	资本公积	总账	财务部经理
140903	豪华车架	数量金额明细账	成本会计	4101	盈余公积	总账	财务部经理
1471	存货跌价准备	总账	财务部经理	4103	本年利润	总账	财务部经理
1501	持有至到期投资	总账	财务部经理	4104	利润分配	总账	财务部经理
1502	持有至到期投资减值准备	总账	财务部经理	410401	未分配利润	三栏式明细账	财务会计
1503	可供出售金融资产	总账	财务部经理		五、成本类		
1511	长期股权投资	总账	财务部经理	5001	生产成本	总账	财务部经理
1512	长期股权投资减值准备	总账	财务部经理	5101	制造费用	总账/多栏式明细账	财务部经理/财务会计
1521	投资性房地产	总账	财务部经理	500101	经济型车架	三栏式明细账	成本会计
1531	长期应收款	总账	财务部经理	50010101	直接材料	三栏式明细账	成本会计
1601	固定资产	总账/三栏式明细账	财务部经理/财务会计	50010102	直接人工	三栏式明细账	成本会计
1602	累计折旧	总账	财务部经理	50010103	制造费用	三栏式明细账	成本会计
1603	固定资产减值准备	总账	财务部经理	500102	经济型童车	三栏式明细账	成本会计
1604	在建工程	总账	财务部经理	50010201	直接材料	三栏式明细账	成本会计
1605	工程物资	总账	财务部经理	50010202	直接人工	三栏式明细账	成本会计
1606	固定资产清理	总账	财务部经理	50010203	制造费用	三栏式明细账	成本会计
1701	无形资产	总账	财务部经理	500103	舒适型车架	三栏式明细账	成本会计
1702	累计摊销	总账	财务部经理	50010301	直接材料	三栏式明细账	成本会计
1703	无形资产减值准备	总账	财务部经理	50010302	直接人工	三栏式明细账	成本会计

续表

编号	名称	账簿设置	记账人	编号	名称	账簿设置	记账人
1711	商誉	总账	财务部经理	50010303	制造费用	三栏式明细账	成本会计
1801	长期待摊费用	总账	财务部经理	500104	舒适型童车	三栏式明细账	成本会计
1811	递延所得税资产	总账	财务部经理	50010401	直接材料	三栏式明细账	成本会计
1901	待处理财产损溢	总账	财务部经理	50010402	直接人工	三栏式明细账	成本会计
六、损益类				50010403	制造费用	三栏式明细账	成本会计
6001	主营业务收入	总账	财务部经理	500105	豪华型车架	三栏式明细账	成本会计
6051	其他业务收入	总账	财务部经理	50010501	直接材料	三栏式明细账	成本会计
6101	公允价值变动损益	总账	财务部经理	50010502	直接人工	三栏式明细账	成本会计
6111	投资收益	总账	财务部经理	50010503	制造费用	三栏式明细账	成本会计
6301	营业外收入	总账	财务部经理	500106	豪华型童车	三栏式明细账	成本会计
6401	主营业务成本	总账/多栏式明细账	财务部经理	50010601	直接材料	三栏式明细账	成本会计
6402	其他业务成本	总账/多栏式明细账	财务部经理	50010602	直接人工	三栏式明细账	成本会计
6403	税金及附加	总账/多栏式明细账	财务部经理/财务会计	50010603	制造费用	三栏式明细账	成本会计
6601	销售费用	总账/多栏式明细账	财务部经理/财务会计	5101	工资	三栏式明细账	成本会计
6602	管理费用	总账/多栏式明细账	财务部经理/财务会计	510101	折旧	三栏式明细账	成本会计
6603	财务费用	总账	财务部经理	510102	动力费	三栏式明细账	成本会计
6701	资产减值损失	总账	财务部经理	510103			
6711	营业外支出	总账	财务部经理	5201	劳务成本	总账	财务部经理
6801	所得税费用	总账	财务部经理	5301	研发支出	总账	财务部经理
6901	以前年度损益调整	总账	财务部经理				

④科目22210101，需要从采购部了解上个月的采购付款情况，将税额总计与进项税额数据进行对比。

⑤科目22210102，需要从营销部了解上个月的销售收款情况，将税额总计与销项税额数据进行对比。

4. 工作交接成果

（1）财务部经理填写三栏式总分类账（总账），共计12张。

（2）成本会计填写数量金额明细账，共计7张。

（3）财务会计填写三栏式总分类账（明细账），共计6张；多栏式明细账，共计1张；

（4）出纳填写日记账，共计2张。

（5）财务规则说明。

5. 结算方式

结算方式采用现金结算、转账支票和电汇三种方式。原则上，日常经济活动，低于2000元的可以使用现金，超过2000元的一般使用转账支票结算（差旅费或个人业务费除外），转账支票用于同一票据交换区内的结算，异地付款一般采用电汇方式。

6. 税种类型

税种有增值税、企业所得税、个人所得税、城市建设维护税、教育费附加。

（1）增值税：销售货物和购进货物增值税率均为13%；电费的税率为13%；物流费用的税率为9%。

（2）企业所得税：按利润总额的25%缴纳。

（3）个人所得税税率如表2-17所示。

表2-17 个人所得税税率

级数	全年应纳税所得额	税率/%	速算扣除数
1	不超过36000元的	3	0
2	超过36000元至144000元的部分	10	2520
3	超过144000元至300000元的部分	20	16920
4	超过300000元至420000元的部分	25	31920
5	超过420000元至660000元的部分	30	52920
6	超过660000元至960000元的部分	35	85920
7	超过960000元的部分	45	181920

注：本表所称全年应纳税所得额是指居民个人全年取得综合所得，以每一纳税年度收入额减除费用6万元以及专项扣除、专项附加扣除和依法确定的其他扣除后的余额。

（4）城市建设维护税：增值税税额的7%。

（5）教育费附加：增值税税额的3%。

本实训案例数据中的城市建设维护税、教育费附加、地方教育费附加忽略不计，可自行计算（自行计算会导致报表数据有差异）。

7. 存货计价

存货核算按照实际成本核算，原材料计价采用实际成本计价，材料采购按照实际采购价入账，材料发出按照全月一次加权平均计算材料成本。

全月一次加权平均相关计算：

材料平均单价=(期初库存数量×库存单价+本月实际采购入库金额)/(期初库存数量+本月实际入库数量)

材料发出成本=本月发出材料数量×材料平均单价

8. 固定资产取得方式及折旧

固定资产均通过购买的方式取得。固定资产购买当月不计提折旧，从次月开始计提折旧；出售当期须计提折旧，下月不计提折旧。固定资产折旧按照直线法计提。

9. 制造费用的归集及分配

（1）生产管理部门发生的各项费用以及生产过程中各车间共同的间接费用计入制造费用。

（2）制造费用按照费用发生车间设置明细科目-机加车间、组装车间。

（3）机加车间发生的费用，如工人工资、机加车间设备折旧及维修等能够明确确认为机加车间发生的费用计入制造费用-机加车间；同样，组装车间的费用计入制造费用-组装车间。

（4）生产计划部管理人员的工资、使用的设备折旧、报销的办公费等计入管理费用。

（5）厂房折旧计入制造费用，并按照各类设备占用厂房空间比例进行分配。

10. 成本计算规则

（1）产品成本分为直接材料、人工成本和制造费用结转。

（2）制造费用中车间的费用直接计入该车间生产的产品成本，如果该车间有两个及以上产品生产，则按照该产品生产工时分配车间制造费用。

（3）在产品只计算材料费用，不计算制造费用和人工费用，即结转当期生产成本的金额为：期初生产成本（直接材料）+本期归集的直接人工费用+本期归集的制造费用。

（4）原材料成本归集按照材料出库单的发出数量×平均单价，人工成本为当月计算的生产部门的人员工资，包括生产管理人员和生产工人。

（5）半成品核算规则：车架为半成品，车架核算的范围为车架原材料、生产车架发生的人工费、制造费，以及分摊的相关生产制造费用。

11. 产品之间费用分配

如果同一车间生产不同产品，则以各产品完工数量为权重，分配该车间的直接制造费用和结转的间接制造费用。

12. 坏账损失

生产制造企业采用备抵法核算坏账损失。坏账准备按年提取，按照年末应收账款的3%提取。超过一年未收回的坏账，确认为坏账损失。已经确认为坏账损失的应收账款，并不表明公司放弃收款的权利。如果未来某一时期收回已作坏账损失的应收账款，应该及时恢复债权，并按照正常收回欠款进行会计核算。

13. 利润分配

公司实现利润，应当按照法定程序进行利润分配。根据公司章程规定，按照本年净利润的10%提取法定盈余公积金，根据董事会决议，提取任意盈余公积金。

14. 票据使用规则

（1）各个企业使用的支票，由银行制作并收取工本费，使用者必须到银行购买使用，任何企业和个人不得自制支票。

（2）银行出售的支票，按张出售，企业计入财务费用中。

（3）各企业制定完善的票据使用登记制度，以备检查。

（4）企业使用的发票为增值税专用发票。

（5）增值税进项税额需要进行申报、抵扣联认证、缴纳。

（6）从事购买商品或服务过程中，购销双方的结算必须以发票为依据，不取得发票的不能进行结算业务。

（7）税务局定期检查发票使用情况，有权给予发票使用不合规范的企业一定金额的行政罚款。

15. 期初存货（如表 2-18 所示）

表 2-18 期初存货

存货编码	存货类型	存货名称	计量单位	期初库存量	成本单价/元	占用存储容积/m³	期初金额/元
B0001	原材料	钢管	根	10800	105.20	21600	1136160.00
B0002	原材料	镀锌管	根	—	—	—	—
B0003	原材料	坐垫	个	5400	80.18	21600	432972.00
B0004	原材料	记忆太空棉坐垫	个	—	—	—	—
B0005	原材料	车篷	个	5400	144.26	10800	779004.00
B0006	原材料	车轮	个	21600	26.89	5400	580824.00
B0007	原材料	经济型童车包装套件	套	5400	90.16	10800	486864.00
B0008	原材料	数控芯片	片	—	—	—	—
B0009	原材料	舒适型童车包装套件	套	—	—	—	—
B0010	原材料	豪华型童车包装套件	套	—	—	—	—
M0001	半成品	经济型童车车架	个	5400	346.24	54000	1869696.00
M0002	半成品	舒适型童车车架	个	—	—	—	—
M0003	半成品	豪华型童车车架	个	—	—	—	—
P0001	产成品	经济型童车	辆	5400	756.82	54000	4086828.00
P0002	产成品	舒适型童车	辆	—	—	—	—
P0003	产成品	豪华型童车	辆	—	—	—	—

2.3.5 实训思考

假设你是童车企业的总经理，目前企业有几个部门？总资产有多少？其中，固定资产总额有多少？

实训任务 2.4 采购部期初建账

2.4.1 实训目标

(1) 了解采购部岗位职责。
(2) 掌握采购部期初建账的工作流程及方法。

2.4.2 实训内容

采购部岗位职责、采购部期初建账流程。

2.4.3 实训工具

VBSE 实训系统软件、多媒体教室。

2.4.4 实训步骤

1. 采购部经理读懂期初数据

采购部部门情况说明：采购部目前有采购部经理和采购员两个工作人员。

2. 采购部岗位职责说明

采购部是企业的重要业务部门，主要负责外购原材料并支付货款的工作，承担公司原材料采购、供应商管理、收货验货、采购结算等任务。

现代企业招标采购的意义

3. 采购部工作交接情况说明

(1) 企业采购货物种类如表 2-19 所示。

表 2-19 企业采购货物种类

存货编码	存货名称	仓位	存货占用存储容积/m³	规格	来源
B0001	钢管	A01	2	Φ外16/Φ内11/L5000（mm）	外购原材料
B0002	镀锌管	A02	2	Φ外16/Φ内11/L5000（mm）	外购原材料
B0003	坐垫	A03	4	HJM500	外购原材料
B0004	记忆太空棉坐垫	A04	4	HJM600	外购原材料
B0005	车篷	A05	2	HJ72×32×40	外购原材料
B0006	车轮	A06	1	HJΦ外125/Φ内60（mm）	外购原材料
B0007	经济型童车包装套件	A07	2	HJTB100	外购原材料
B0008	数控芯片	A08	1	MCX3154A	外购原材料
B0009	舒适型童车包装套件	A09	2	HJTB200	外购原材料
B0010	豪华型童车包装套件	A10	2	HJTB300	外购原材料
M0001	经济型童车车架	B01	10	无	自制半成品
M0002	舒适型童车车架	B02	10	无	自制半成品
M0003	豪华型童车车架	B03	10	无	自制半成品
P0001	经济型童车	C01	10	无	自制产成品
P0002	舒适型童车	C02	10	无	自制产成品
P0003	豪华型童车	C03	10	无	自制产成品

（2）采购部上月采购订单信息如表 2-20 所示。

表 2-20　采购部上月采购订单信息

原材料名称	采购数量	单价/元	金额/元	未税金额/元	税额/元
钢管	8400 根	109.00	915600.00	810265.49	105334.51
坐垫	4200 个	83.00	348600.00	308495.58	40104.42
车轮	18000 个	28.00	504000.00	446017.70	57982.30
车篷	4200 个	150.00	630000.00	557522.12	72477.88
经济型童车包装套件	4200 套	94.00	394800.00	349380.53	45419.47
合计			2793000.00	2471681.42	321318.58

（3）物料清单（Bill of Material，BOM），是指将用图示表达的产品结构转化成某种数据格式，这种以数据格式来描述产品结构的文件就是物料清单，即 BOM。它是定义产品结构的技术文件，因此，它又称为产品结构表或产品结构树。在某些工业领域，可能称为"配方""要素表"或其他名称。

经济型童车产品结构如图 2-2 所示，经济型童车产品结构物料清单如表 2-21 所示。

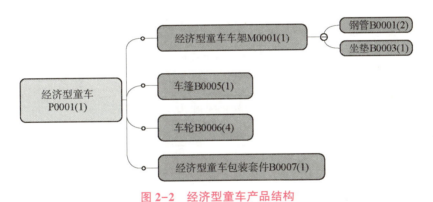

图 2-2　经济型童车产品结构

表 2-21　经济型童车产品结构物料清单

物料名称	父项物料	物料编码	规格型号	单位	用量	（相对制造企业）备注
经济型童车	无	P0001	无	辆	1	组装车间生产
经济型童车车架	P0001	M0001	无	个	1	机加车间生产
车篷	P0001	B0005	HJ72×32×40	个	1	外购原材料
车轮	P0001	B0006	HJΦ外 125/Φ内 60（mm）	个	4	外购原材料
经济型童车包装套件	P0001	B0007	HJTB100	套	1	外购原材料
钢管	M0001	B0001	Φ外 16/Φ内 11/L5000（mm）	根	2	外购原材料
坐垫	M0001	B0003	HJM500	个	1	外购原材料

舒适型童车产品结构如图2-3所示，舒适型童车产品结构物料清单如表2-22所示。

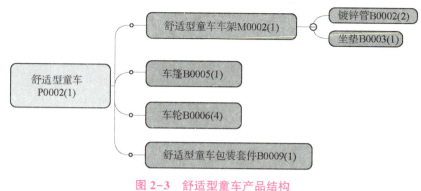

图2-3　舒适型童车产品结构

表2-22　舒适型童车产品结构物料清单

物料名称	父项物料	物料编码	规格型号	单位	用量	（相对制造企业）备注
舒适型童车	无	P0002	无	辆	1	组装车间生产
舒适型童车车架	P0002	M0002	无	个	1	机加车间生产
车篷	P0002	B0005	HJ72×32×40	个	1	外购原材料
车轮	P0002	B0006	HJΦ外125/Φ内60（mm）	个	4	外购原材料
舒适型童车包装套件	P0002	B0009	HJTB200	套	1	外购原材料
镀锌管	M0002	B0002	Φ外16/Φ内11/L5000（mm）	根	2	外购原材料
坐垫	M0002	B0003	HJM500	个	1	外购原材料

豪华型童车产品结构如图2-4所示，豪华型童车产品结构物料清单如表2-23所示。

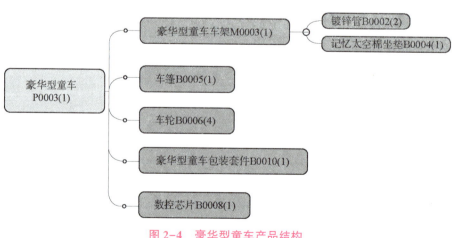

图2-4　豪华型童车产品结构

表 2-23　豪华型童车产品结构物料清单

物料名称	父项物料	物料编码	规格型号	单位	用量	（相对制造企业）备注
豪华型童车	无	P0003	无	辆	1	组装车间生产
豪华型童车车架	P0003	M0003	无	个	1	机加车间生产
车篷	P0003	B0005	HJ72×32×40	个	1	外购原材料
车轮	P0003	B0006	HJΦ外125/Φ内60（mm）	个	4	外购原材料
数控芯片	P0003	B0008	MCX3154A	片	1	外购原材料
豪华型童车包装套件	P0003	B0010	HJTB300	套	1	外购原材料
镀锌管	M0003	B0002	Φ外16/Φ内11/L5000（mm）	根	2	外购原材料
记忆太空棉坐垫	M0003	B0004	HJM600	个	1	外购原材料

4. 采购部工作交接重难点讲解

（1）采购部在工作交接阶段不需要进行单据的填写，但是却有不少知识点需要学习了解。

（2）采购部需要将表 2-20 采购部上月采购订单信息交到财务部经理处。

（3）采购部需要从仓储部获取目前各类原材料的存货情况，并了解目前库存的购买价格，为接下来的采购谈判提供依据。

（4）采购部需要根据产品物料清单、仓储的情况和生产所需原材料的情况，制订采购计划，就现有的采购计划判断其合理性并给出建议。

（5）采购部需要学习任务地图当中的流程，主要学习 MCG 流程（M 表示制造业，CG 表示采购）。

（6）仓储的物品分为原材料、半成品以及产成品。其中，只有原材料是需要采购部进行采购的。

5. 工贸企业（供应商）信息

工贸企业（供应商）信息如表 2-24 所示。

6. 物流公司信息

物流公司信息如表 2-25 所示。

2.4.5　实训思考

采购合同的骑缝章是什么？有何作用？

表 2-24 工贸企业（供应商）信息

序号	企业法定中文名称	简称	办公电话	邮政编码	注册资金/元	企业注册登记日期	企业法定代表人	企业注册地址	企业法人营业执照注册号	开户银行	银行账号
1	恒通工贸有限公司	恒通	010-51062888	100076	4500000	2015/1/4	张艳	北京市小红门路45号	110000001012587	中国工商银行	01002299900099015
2	邦尼工贸有限公司	邦尼	010-60423018	100070	4500000	2015/1/4	张伟	北京市曙光西街722号	110106311235740	中国工商银行	01002299900099016
3	思远工贸有限公司	思远	010-51012837	100076	4500000	2015/1/4	何聪	北京市顾家庄中路147号	110020001012524	中国工商银行	01002299900099017
4	新耀工贸有限公司	新耀	010-62500499	101300	4500000	2015/1/4	王敏	北京市静远东街151号	110113050173019	中国工商银行	01002299900099018

表 2-25 物流公司信息

序号	企业法定中文名称	简称	办公电话	邮政编码	注册资金/元	企业注册登记日期	企业法定代表人	企业注册地址	企业法人营业执照注册号	开户银行	银行账号
1	隆飞物流有限公司	隆飞	010-64667658	100106	6000000	2015/1/4	李靖	北京市卓尔大街38号	100108231234856	中国工商银行	01002299900099019

实训任务 2.5　仓储部期初建账

2.5.1　实训目标

（1）了解企业仓储部岗位职责。
（2）掌握企业仓储部期初建账的工作流程及方法。

2.5.2　实训内容

企业仓储部岗位职责、企业仓储部期初建账流程。

2.5.3　实训工具

VBSE 实训系统软件、多媒体教室。

2.5.4　实训步骤

1. 仓储部经理读懂期初数据

仓储部部门情况说明：仓储部目前有仓储部经理和仓管员两个工作人员。

2. 仓储部岗位职责说明

仓储部是企业的重要业务部门，主要负责储存保管生产所需的各类原材料、半成品以及生产完工等待销售的产成品；同时需要根据业务部门需求适时地做好相关物料的入库、出库、库存登记以及库存盘点等工作。

3. 仓储部工作交接情况说明

（1）存货种类明细（原材料）如表 2-26 所示。

表 2-26　存货种类明细（原材料）

存货编码	存货名称	仓位	占用存储容积/m³	规格	来源
B0001	钢管	A01	2	Φ外16/Φ内11/L5000（mm）	外购原材料
B0002	镀锌管	A02	2	Φ外16/Φ内11/L5000（mm）	外购原材料
B0003	坐垫	A03	4	HJM500	外购原材料
B0004	记忆太空棉坐垫	A04	4	HJM600	外购原材料
B0005	车篷	A05	2	HJ72×32×40	外购原材料
B0006	车轮	A06	1	HJΦ外125/Φ内60（mm）	外购原材料
B0007	经济型童车包装套件	A07	2	HJTB100	外购原材料
B0008	数控芯片	A08	1	MCX3154A	外购原材料
B0009	舒适型童车包装套件	A09	2	HJTB200	外购原材料
B0010	豪华型童车包装套件	A10	2	HJTB300	外购原材料

（2）存货种类明细（半成品）如表 2-27 所示。

表 2-27 存货种类明细（半成品）

存货编码	存货名称	仓位	占用存储容积/m³	规格	来源
M0001	经济型童车车架	B01	10	无	机加车间生产
M0002	舒适型童车车架	B02	10	无	机加车间生产
M0003	豪华型童车车架	B03	10	无	机加车间生产

（3）存货种类明细（产成品）如表 2-28 所示。

表 2-28 存货种类明细（产成品）

存货编码	存货名称	仓位	占用存储容积/m³	规格	来源
P0001	经济型童车	C01	10	无	组装车间生产
P0002	舒适型童车	C02	10	无	组装车间生产
P0003	豪华型童车	C03	10	无	组装车间生产

（4）期初存货如表 2-29 所示。

表 2-29 期初存货

存货编码	存货类型	存货名称	计量单位	期初库存量	单价/元	占用存储容积/m³	期初金额/元
B0001	原材料	钢管	根	10800	105.20	21600	1136160.00
B0002	原材料	镀锌管	根	—	—	—	—
B0003	原材料	坐垫	个	5400	80.18	21600	432972.00
B0004	原材料	记忆太空棉坐垫	个	—	—	—	—
B0005	原材料	车篷	个	5400	144.26	10800	779004.00
B0006	原材料	车轮	个	21600	26.89	5400	580824.00
B0007	原材料	经济型童车包装套件	套	5400	90.16	10800	486864.00
B0008	原材料	数控芯片	片	—	—	—	—
B0009	原材料	舒适型童车包装套件	套	—	—	—	—
B0010	原材料	豪华型童车包装套件	套	—	—	—	—
M0001	半成品	经济型童车车架	个	5400	346.24	54000	1869696.00
M0002	半成品	舒适型童车车架	个	—	—	—	—
M0003	半成品	豪华型童车车架	个	—	—	—	—
P0001	产成品	经济型童车	辆	5400	756.82	54000	4086828.00
P0002	产成品	舒适型童车	辆	—	—	—	—
P0003	产成品	豪华型童车	辆	—	—	—	—

（5）物料清单如图 2-5~图 2-7 和表 2-30~表 2-32 所示。

经济型童车产品结构如图 2-5 所示，经济型童车产品结构物料清单如表 2-30 所示。

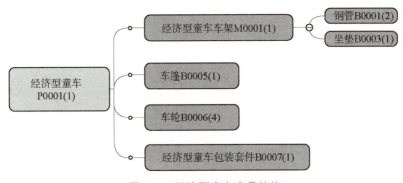

图 2-5　经济型童车产品结构

表 2-30　经济型童车产品结构物料清单

物料名称	父项物料	物料编码	规格型号	单位	用量	（相对制造企业）备注
经济型童车	无	P0001	无	辆	1	组装车间生产
经济型童车车架	P0001	M0001	无	个	1	机加车间生产
车篷	P0001	B0005	HJ72×32×40	个	1	外购原材料
车轮	P0001	B0006	HJΦ外125/Φ内60（mm）	个	4	外购原材料
经济型童车包装套件	P0001	B0007	HJTB100	套	1	外购原材料
钢管	M0001	B0001	Φ外16/Φ内11/L5000（mm）	根	2	外购原材料
坐垫	M0001	B0003	HJM500	个	1	外购原材料

舒适型童车产品结构如图 2-6 所示，舒适型童车产品结构物料清单如表 2-31 所示。

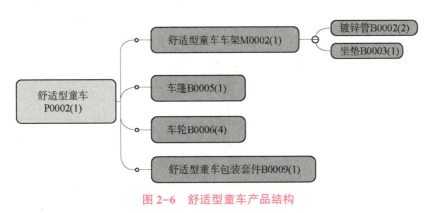

图 2-6　舒适型童车产品结构

表 2-31　舒适型童车产品结构物料清单

物料名称	父项物料	物料编码	规格型号	单位	用量	（相对制造企业）备注
舒适型童车	无	P0002	无	辆	1	组装车间生产
舒适型童车车架	P0002	M0002	无	个	1	机加车间生产
车篷	P0002	B0005	HJ72×32×40	个	1	外购原材料
车轮	P0002	B0006	HJΦ外125/Φ内60（mm）	个	4	外购原材料
舒适型童车包装套件	P0002	B0009	HJTB200	套	1	外购原材料
镀锌管	M0002	B0002	Φ外16/Φ内11/L5000（mm）	根	2	外购原材料
坐垫	M0002	B0003	HJM500	个	1	外购原材料

豪华型童车产品结构如图 2-7 所示，豪华型童车产品结构物料清单如表 2-32 所示。

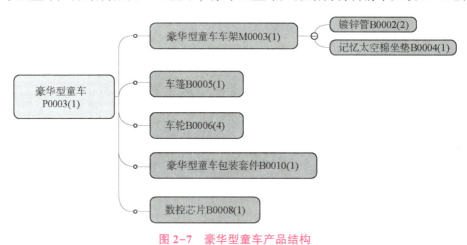

图 2-7　豪华型童车产品结构

表 2-32　豪华型童车产品结构物料清单

物料名称	父项物料	物料编码	规格型号	单位	用量	（相对制造企业）备注
豪华型童车	无	P0003	无	辆	1	组装车间生产
豪华型童车车架	P0003	M0003	无	个	1	机加车间生产
车篷	P0003	B0005	HJ72×32×40	个	1	外购原材料
车轮	P0003	B0006	HJΦ外125/Φ内60（mm）	个	4	外购原材料
数控芯片	P0003	B0008	MCX3154A	片	1	外购原材料
豪华型童车包装套件	P0003	B0010	HJTB300	套	1	外购原材料
镀锌管	M0003	B0002	Φ外16/Φ内11/L5000（mm）	根	2	外购原材料
记忆太空棉坐垫	M0003	B0004	HJM600	个	1	外购原材料

4. 仓储部工作交接重难点讲解

（1）仓储部储存的货物一共有 3 个大类，分别是原材料、半成品和产成品。原材料的物料编号是以 B 开头，占用的是 A 仓库，即原材料仓库；半成品的物料编号是以 M 开头，占用的是 B 仓库，即半成品仓库；产成品的物料编号是以 P 开头，占用的是 C 仓库，即产成品仓库。

（2）库存台账中需要填写"物料名称""物料编号""规格""存放仓库""最高存量""最低存量""计量单位"。其中，所有的物料"最高存量""最低存量"都为 0；所有"日期"写"2020 年 01 月 05 日"；凭证号数空着不填；摘要写上月结转。每填写完成一张库存台账之后，点击右侧"保存"按钮。切记在所有库存台账填写完成之前不可点击"完成"按钮。

（3）仓储部需要将表 2-29 期初存货的相关信息提供给成本会计。

（4）仓储部需要将表 2-29 期初存货中有关"原材料"的部分（B0001~B0010）提供给采购部经理。

（5）仓储部需要将表 2-29 期初存货中有关"半成品"（M0001~M0003）和"产成品"（P0001~P0003）的部分提供给营销部经理。

（6）仓储部需要根据产品物料清单，及时将原材料的情况和采购部交流，协助制订采购计划。

（7）仓储部需要根据产成品的库存，及时与营销部进行交流，帮助制订销售计划。

（8）仓储部的原材料通过采购入库的方式入库，通过生产出库的方式出库；半成品通过生产入库的方式入库，通过生产出库的方式出库；产成品通过生产入库的方式入库，通过销售出库的方式出库。

5. 工作交接成果

仓储部经理填写库存台账，共计 16 张；其中 7 张有期初数据，其他 9 张期初数为 0。

2.5.5 实训思考

假设你是童车企业的仓储部经理，目前有哪些库存物料？数量各是多少？

实训任务 2.6　生产计划部期初建账

2.6.1　实训目标

（1）了解企业生产计划部岗位职责。
（2）掌握企业生产计划部期初建账的工作流程及方法。

2.6.2　实训内容

企业生产计划部岗位职责，生产计划部期初建账流程。

2.6.3　实训工具

VBSE 实训系统软件、多媒体教室。

2.6.4　实训步骤

1. 生产计划部经理读懂期初数据

生产计划部部门情况说明：生产计划部目前有生产计划部经理、生产计划员、车间管理员、机加车间工人和组装车间工人，共计 43 人。

2. 生产计划部岗位职责说明

生产计划部是企业的重要业务部门，主要负责有效组织生产资源，实现产品高效优质生产。

3. 生产计划部工作交接情况说明

生产计划部需要通过配置"厂房+生产设备+车间工人+原材料"的方式，保证生产的正常进行。

（1）厂房信息如表 2-33 所示。

表 2-33　厂房信息

厂房类型	使用年限	厂房面积/m²	厂房容积/m³	容量	售价/万元
小厂房	20	800	4800	12 台机床位	480
大厂房	20	1000	6000	20 台机床位	720

（2）生产设备信息如表 2-34 所示。

表 2-34　生产设备信息

生产设备名称	生产设备类型	购置费/万元	使用年限	生产能力（台/虚拟1天）			占用机床位
				经济	舒适	豪华	
普通机床	机床	21	10	500	500	0	1
数控机床	机床	72	10	3000	3000	3000	2
组装流水线	生产线	51	10	7000	7000	6000	4

(3) 生产车间工人信息如表 2-35 所示。

表 2-35　生产车间工人信息

设备	人员级别	要求人员配置数量
普通机床	初级工人	2
数控机床	高级工人	2
组装流水线	初级工人	5
	中级工人	15

(4) 生产原材料信息如表 2-36 所示。

表 2-36　生产原材料信息

存货编码	存货名称	仓位	占用存储容积/m³	规格	来源
B0001	钢管	A01	2	Φ外 16/Φ内 11/L5000（mm）	外购原材料
B0002	镀锌管	A02	2	Φ外 16/Φ内 11/L5000（mm）	外购原材料
B0003	坐垫	A03	4	HJM500	外购原材料
B0004	记忆太空棉坐垫	A04	4	HJM600	外购原材料
B0005	车篷	A05	2	HJ72×32×40	外购原材料
B0006	车轮	A06	1	HJΦ外 125/Φ内 60（mm）	外购原材料
B0007	经济型童车包装套件	A07	2	HJTB100	外购原材料
B0008	数控芯片	A08	1	MCX3154A	外购原材料
B0009	舒适型童车包装套件	A09	2	HJTB200	外购原材料
B0010	豪华型童车包装套件	A10	2	HJTB300	外购原材料

(5) 童车生产工艺信息如表 2-37～表 2-39 所示。

表 2-37　经济型童车生产工艺信息

工序	部门	工序描述	工作中心	加工工时
10	生产计划部-机加车间	经济型童车架加工	普通（或数控）机床	虚拟 1 天
20	生产计划部-组装车间	经济型童车组装	组装生产线	虚拟 1 天

表 2-38　舒适型童车生产工艺信息

工序	部门	工序描述	工作中心	加工工时
10	生产计划部-机加车间	舒适型童车架加工	普通（或数控）机床	虚拟 1 天
20	生产计划部-组装车间	舒适型童车组装	组装生产线	虚拟 1 天

表 2-39　豪华型童车生产工艺信息

工序	部门	工序描述	工作中心	加工工时
10	生产计划部-机加车间	豪华型童车架加工	数控机床	虚拟 1 天
20	生产计划部-组装车间	豪华型童车组装	组装生产线	虚拟 1 天

（6）物料清单如图 2-8~图 2-10 和表 2-40~表 2-42 所示。

经济型童车产品结构如图 2-8 所示，经济型童车产品结构物料清单如表 2-40 所示。

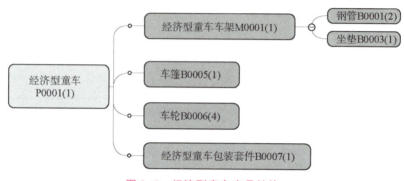

图 2-8　经济型童车产品结构

表 2-40　经济型童车产品结构物料清单

物料名称	父项物料	物料编码	规格型号	单位	用量	（相对制造企业）备注
经济型童车	无	P0001	无	辆	1	组装车间生产
经济型童车车架	P0001	M0001	无	个	1	机加车间生产
车篷	P0001	B0005	HJ72×32×40	个	1	外购原材料
车轮	P0001	B0006	HJΦ外125/Φ内60（mm）	个	4	外购原材料
经济型童车包装套件	P0001	B0007	HJTB100	套	1	外购原材料
钢管	M0001	B0001	Φ外16/Φ内11/L5000（mm）	根	2	外购原材料
坐垫	M0001	B0003	HJM500	个	1	外购原材料

舒适型童车产品结构如图 2-9 所示，舒适型童车产品结构物料清单如表 2-41 所示。

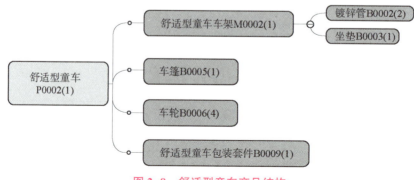

图 2-9　舒适型童车产品结构

表 2-41 舒适型童车产品结构物料清单

物料名称	父项物料	物料编码	规格型号	单位	用量	备注（相对制造企业）
舒适型童车	无	P0002	无	辆	1	组装车间生产
舒适型童车车架	P0002	M0002	无	个	1	机加车间生产
车篷	P0002	B0005	HJ72×32×40	个	1	外购原材料
车轮	P0002	B0006	HJΦ外125/Φ内60（mm）	个	4	外购原材料
舒适型童车包装套件	P0002	B0009	HJTB200	套	1	外购原材料
镀锌管	M0002	B0002	Φ外16/Φ内11/L5000（mm）	根	2	外购原材料
坐垫	M0002	B0003	HJM500	个	1	外购原材料

豪华型童车产品结构如图 2-10 所示，豪华型童车产品结构物料清单如表 2-42 所示。

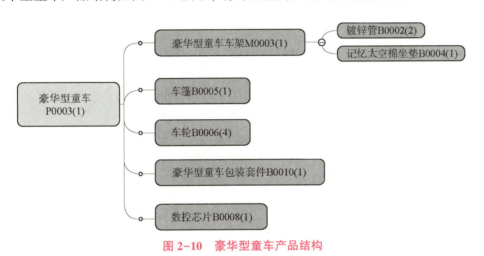

图 2-10 豪华型童车产品结构

表 2-42 豪华型童车产品结构物料清单

物料名称	父项物料	物料编码	规格型号	单位	用量	备注（相对制造企业）
豪华型童车	无	P0003	无	辆	1	组装车间生产
豪华型童车车架	P0003	M0003	无	个	1	机加车间生产
车篷	P0003	B0005	HJ72×32×40	个	1	外购原材料
车轮	P0003	B0006	HJΦ外125/Φ内60（mm）	个	4	外购原材料
数控芯片	P0003	B0008	MCX3154A	片	1	外购原材料
豪华型童车包装套件	P0003	B0010	HJTB300	套	1	外购原材料

续表

物料名称	父项物料	物料编码	规格型号	单位	用量	（相对制造企业）备注
镀锌管	M0003	B0002	Φ外16/Φ内11/L5000（mm）	根	2	外购原材料
记忆太空棉坐垫	M0003	B0004	HJM600	个	1	外购原材料

4. 生产计划部工作交接重难点讲解

（1）生产计划部以生产为主，拥有两个生产部门，一个是机加车间，一个是组装车间。机加车间是负责生产半成品的，组装车间是负责生产产成品的。

（2）生产计划部需要从人力资源部了解目前机加车间和组装车间的工人配置情况，并探讨目前工人配置的合理性。

（3）生产计划部需要从企业管理部了解目前拥有厂房情况以及拥有生产设备情况（产能，包括设备的数量、种类、使用时间等）。

（4）生产计划部需要从仓储部了解目前各项物料的储备情况，并探讨是否符合目前的生产能力。

（5）生产计划部需要从营销部了解销售预测情况，预计签订销售合同情况，从而准备接下来的生产。

注：所有产品的生产周期均为1个虚拟日，即一个虚拟日投产，下一个虚拟日完工入库。

5. 研发规则

制造企业初始默认的生产许可为经济型童车，随着企业运营水平提高，需要生产舒适型或豪华型童车，制造企业则需要在系统当中（由出纳在系统中进行操作"产品研发"）研发舒适型童车或豪华型童车。产品研发时间为1个虚拟日，即假设1月5日投入费用进行产品研发，1月25日才可以进行相关产品的生产。许可证类型及价格如表2-43所示。

表2-43 许可证类型及价格

许可证类型	价格/元
舒适型童车	1000000
豪华型童车	1500000

6. ISO规则

制造企业在正式进行生产之前，必须进行ISO 9000的资质认证，制造企业生产计划部需要前往服务公司办理本企业的ISO 9000资质认证业务，具体费用为50000元/次，认证一次即可保证后续生产，无须重复认证。

7. 3C规则

制造企业进行产成品销售之前，必须进行产成品的3C资质认证。默认拥有经济型童车的生产许可，制造企业生产计划部需要前往服务公司办理舒适型童车或豪华型童车的3C认证。具体费用为22000元/次，认证一次即可保证后续销售，无须重复认证，如表2-44所示。

表 2-44　3C 认证费用

产品	3C 认证费用/元
经济型童车	22000
舒适型童车	22000
豪华型童车	22000

2.6.5　实训思考

假设你是童车企业的生产计划部经理，目前有几条生产线/几台机床？目前有哪些在产品？各多少？什么时候完工？目前能够生产哪些产品？这些产品需要哪些原材料？

ISO 和 3C 的区别

实训任务 2.7 营销部期初建账

2.7.1 实训目标

（1）了解企业营销部岗位职责。
（2）掌握企业营销部期初建账的工作流程及方法。

2.7.2 实训内容

企业营销部岗位职责，营销部期初建账流程。

2.7.3 实训工具

VBSE 实训系统软件、多媒体教室。

2.7.4 实训步骤

1. 营销部经理读懂期初数据

营销部部门情况说明：营销部目前有营销部经理、市场专员和销售专员三个工作人员。

2. 营销部岗位职责说明

营销部是企业的重要业务部门，企业的利润来自销售收入，销售实现是企业生存和发展的关键，因此营销工作的成功与否直接决定企业的成败。营销部兼顾了两大职能，一个职能是销售，一个职能是市场。

3. 营销部工作交接情况说明

（1）货物种类信息如表 2-45 所示。

表 2-45 货物种类信息

存货编码	存货名称	仓位	存货占用存储容积/m³	规格	来源
B0001	钢管	A01	2	Φ外16/Φ内11/L5000（mm）	外购原材料
B0002	镀锌管	A02	2	Φ外16/Φ内11/L5000（mm）	外购原材料
B0003	坐垫	A03	4	HJM500	外购原材料
B0004	记忆太空棉坐垫	A04	4	HJM600	外购原材料
B0005	车篷	A05	2	HJ72×32×40	外购原材料
B0006	车轮	A06	1	HJΦ外125/Φ内60（mm）	外购原材料
B0007	经济型童车包装套件	A07	2	HJTB100	外购原材料
B0008	数控芯片	A08	1	MCX3154A	外购原材料
B0009	舒适型童车包装套件	A09	2	HJTB200	外购原材料
B0010	豪华型童车包装套件	A10	2	HJTB300	外购原材料
M0001	经济型童车车架	B01	10	无	自制半成品

续表

存货编码	存货名称	仓位	存货占用存储容积/m³	规格	来源
M0002	舒适型童车车架	B02	10	无	自制半成品
M0003	豪华型童车车架	B03	10	无	自制半成品
P0001	经济型童车	C01	10	无	自制产成品
P0002	舒适型童车	C02	10	无	自制产成品
P0003	豪华型童车	C03	10	无	自制产成品

（2）营销部上月销售订单信息如表2-46所示。

表2-46 营销部上月销售订单信息

产品名称	销售数量/辆	单价/元	金额/元	未税金额/元	税额/元
经济型童车	4500	950.00	4275000.00	3783185.84	491814.16

（3）物料清单如图2-11~图2-13和表2-47~表2-49所示。

经济型童车产品结构如图2-11所示，经济型童车产品结构物料清单如表2-47所示。

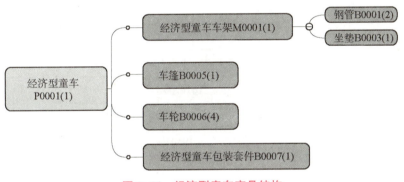

图2-11 经济型童车产品结构

表2-47 经济型童车产品结构物料清单

物料名称	父项物料	物料编码	规格型号	单位	用量	（相对制造企业）备注
经济型童车	无	P0001	无	辆	1	组装车间生产
经济型童车车架	P0001	M0001	无	个	1	机加车间生产
车篷	P0001	B0005	HJ72×32×40	个	1	外购原材料
车轮	P0001	B0006	HJΦ外125/Φ内60（mm）	个	4	外购原材料
经济型童车包装套件	P0001	B0007	HJTB100	套	1	外购原材料
钢管	M0001	B0001	Φ外16/Φ内11/L5000（mm）	根	2	外购原材料
坐垫	M0001	B0003	HJM500	个	1	外购原材料

舒适型童车产品结构如图 2-12 所示，舒适型童车产品结构物料清单如表 2-48 所示。

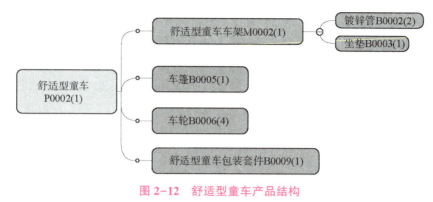

图 2-12　舒适型童车产品结构

表 2-48　舒适型童车产品结构物料清单

物料名称	父项物料	物料编码	规格型号	单位	用量	（相对制造企业）备注
舒适型童车	无	P0002	无	辆	1	组装车间生产
舒适型童车车架	P0002	M0002	无	个	1	机加车间生产
车篷	P0002	B0005	HJ72×32×40	个	1	外购原材料
车轮	P0002	B0006	HJΦ外125/Φ内60（mm）	个	4	外购原材料
舒适型童车包装套件	P0002	B0009	HJTB200	套	1	外购原材料
镀锌管	M0002	B0002	Φ外16/Φ内11/L5000（mm）	根	2	外购原材料
坐垫	M0002	B0003	HJM500	个	1	外购原材料

豪华型童车产品结构如图 2-13 所示，豪华型童车产品结构物料清单如表 2-49 所示。

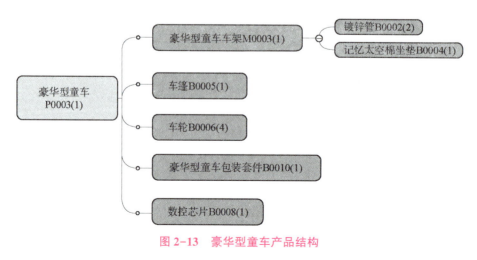

图 2-13　豪华型童车产品结构

表 2-49　豪华型童车产品结构物料清单

物料名称	父项物料	物料编码	规格型号	单位	用量	（相对制造企业）备注
豪华型童车	无	P0003	无	辆	1	组装车间生产
豪华型童车车架	P0003	M0003	无	个	1	机加车间生产
车篷	P0003	B0005	HJ72×32×40	个	1	外购原材料
车轮	P0003	B0006	HJΦ外125/Φ内60（mm）	个	4	外购原材料
数控芯片	P0003	B0008	MCX3154A	片	1	外购原材料
豪华型童车包装套件	P0003	B0010	HJTB300	套	1	外购原材料
镀锌管	M0003	B0002	Φ外16/Φ内11/L5000（mm）	根	2	外购原材料
记忆太空棉坐垫	M0003	B0004	HJM600	个	1	外购原材料

4. 营销部工作交接重难点讲解

（1）营销部在工作交接阶段不需要进行单据的填写，但是却有不少的知识点需要学习了解。

（2）营销部需要将表 2-46 营销部上月销售订单信息交到财务部经理处。

（3）营销部需要从仓储部获取目前经济型童车的存货情况，并了解目前库存童车的成本价格，为接下来的销售谈判提供参考。

（4）营销部需要根据产品物料清单、仓储的情况和生产所需原材料的情况，在确定生产能力的前提下，制订销售计划，就现有的销售计划判断其合理性并给出建议。

（5）营销部需要学习任务地图当中的流程，主要学习 DCG 流程（D 表示经销商，CG 表示采购）。

（6）仓储的物品分为原材料、半成品以及产成品；其中，营销部销售的主要是产成品，包括经济型童车、舒适型童车和豪华型童车。

2.7.5　实训思考

商贸企业目前有多少总资产？工贸企业目前有多少总资产？

项目3

固定数据

 固定数据背景

固定业务阶段，所有的工作任务及业务数据是固定的，即各工作任务将由 VBSE 实训系统统一布置，各岗位跟随 VBSE 实训系统的引导完成接受的工作任务。在这一阶段主要让员工了解企业常见的业务工作，并通过 VBSE 实训系统的引导让员工了解业务的工作过程、岗位间的工作协调，以及学习相关单据的填制、传递和保管。

项目三以好佳童车制造有限公司（制造企业）、丰达工贸有限公司（供应商）、恒润商贸有限公司（经销商）的基础业务为案例，描述固定业务阶段的核心业务。

项目目标

（1）掌握固定数据阶段操作规则及注意事项。
（2）完成固定数据阶段实训工作。

项目任务

掌握固定数据经营规则；完成实训工作。

实训任务 3.1　制造企业采购付款业务

3.1.1　实训目标

(1) 熟悉制造企业采购付款业务流程。
(2) 掌握采购付款业务账务处理。

3.1.2　实训内容

采购付款业务流程。

3.1.3　实训工具

VBSE 实训系统软件、多媒体教室。

3.1.4　实训步骤

(1) 制造企业与供应商签订购销合同。签订购销合同业务流程如表 3-1 所示。

表 3-1　签订购销合同业务流程

序号	操作步骤	角色	操作内容
1	填写购销合同	采购员	1. 根据采购计划选择合适的供应商，沟通购销细节内容； 2. 填写购销合同，一式两份
2	填写合同会签单	采购员	1. 根据购销合同的信息填写合同会签单； 2. 将购销合同和合同会签单提交给采购部经理
3	合同会签单签字	采购部经理	1. 接收采购员提交的购销合同及合同会签单； 2. 审核购销合同内容填写的准确性和合理性，审核同意后在合同会签单上签字确认； 3. 将购销合同和合同会签单送交给财务部经理
4	合同会签单签字	财务部经理	1. 接收采购部经理送交的购销合同及合同会签单； 2. 审核购销合同的准确性和合理性，审核同意后在合同会签单上签字； 3. 将购销合同和合同会签单提交给总经理
5	合同会签单签字	总经理	1. 接收财务部经理提交的购销合同及合同会签单； 2. 审核采购部经理和财务部经理是否审核签字，审核购销合同的准确性和合理性，审核同意后在合同会签单和购销合同上签字； 3. 将购销合同和合同会签单发送给行政助理

序号	操作步骤	角色	操作内容
6	购销合同盖章	行政助理	1. 接收总经理发送的购销合同和合同会签单； 2. 检查合同会签单总经理是否签字，确认无误后给合同盖章； 3. 将购销合同发送给采购员
7	登记采购合同执行情况表	采购员	1. 接收行政助理发送的购销合同； 2. 根据制造企业与供应商签订好的购销合同，登记采购合同执行情况表； 3. 将购销合同送交供应商

①采购员填写购销合同。购销合同样本如图3-1所示（样本中的相关信息，可依据各自企业实际业务填写，样本数据仅供填写单据格式参考）。

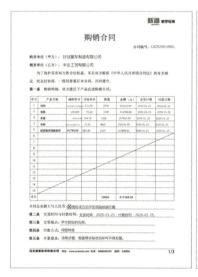

图3-1 购销合同样本

②采购员填写合同会签单。合同会签单也叫合同会签审批表，是单位内部审批表，一般包括采购部、营销部、财务部和总经理审批。实务中有的单位专设法务部门，专门管理合同及对外事务，此时还需要法务部审批。

③采购部经理在会签单上签字。

④财务部经理在会签单上签字。

⑤总经理在会签单上签字。

⑥行政助理在购销合同上盖章。

行政助理在纸质合同上盖上本单位的公章或合同专用章，不但要在合同落款处盖章，还要在几页合同之间盖骑缝章，如图3-2所示。

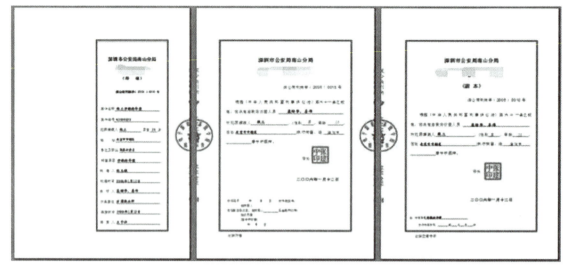

图 3-2 合同骑缝章

⑦采购员登记采购合同执行情况表。

提示：在完成本任务后，一定要点击"完成"按钮，任务才会传至下一个岗位。如果上一个环节的任务执行有误，下一个审核环节可以点击"退回"按钮，将任务返回上一个岗位重做。

（2）供应商与制造企业签订购销合同。制造企业的采购员持一式两份盖过章的纸质合同到供应商处，供应商见到纸质合同后进行审核，然后签字。

①供应商业务经理收到购销合同，填写合同会签单。合同会签单样本如图 3-3 所示（样本中的相关信息，可依据各自企业实际业务填写，样本数据仅供填写单据格式参考）。

②供应商财务经理审核购销合同，在合同会签单上签字。

③供应商总经理审核购销合同，在合同会签单上签字。

④供应商行政经理在合同上盖章，并将合同存档。

⑤供应商业务经理登记购销合同。

（3）制造企业录入采购订单。

①采购员在系统中录入采购订单。采购订单样本如图 3-4 所示（样本中的相关信息，可依据各自企业实际业务填写，样本数据仅供填写单据格式参考）。

②供应商业务经理确认采购订单。进入业务操作页面，此时订单的状态为"未确定"，点击"业务操作"按钮，供应商打开采购订单，确认后订单状态为"已确定"。录入和确认采购订单流程如图 3-5 所示。

③供应商发货，通知制造企业。这个任务没有线上填写的单据，可以在线下填写纸质单据。按照供应商业务经理填写发货单—供应商财务经理确认发货单—供应商业务经理通知制造企业的程序进行。发货单样本如图 3-6 所示（样本中的相关信息，可依据各自企业实际业务填写，样本数据仅供填写单据格式参考）。

合 同 会 签 单

单据编号：CG-HT-2020010001　　　　会签日期：2020 年 01 月 05 日

送签部门		签约人：		承办人：		电　话：13800045678
业务部		李鑫		李鑫		E-mail：

合同名称	钢管、坐垫等货物销售合同	对方单位	好佳童车制造有限公司
合同主要内容	销售钢管、坐垫、车篷、车轮和经济型童车包装套件等货物	合同金额（大写）	捌拾柒万伍仟伍佰陆拾捌元整

业务部门审批意见	部门经理：李鑫	日期：2020-01-05
财务部审批意见	财务经理：吴迪	日期：2020-01-05
总经理审批意见	总经理：赵金金（付款金额1万以上的由总经理审批）	日期：2020-01-05
争议解决	依据合同约定处理，存在争议的可以通过法律途径解决。	
归档情况	已归档	

图 3-3　合同会签单样本

④制造企业接到发货单后准备取货。此业务不需要线上操作，按照制造企业采购员接收供应商的发货通知—制造企业仓管员准备收货的程序进行。

（4）物流公司与制造企业签订货物运输合同。货物运输合同样本如图 3-7 所示（样本中的相关信息，可依据各自企业实际业务填写，样本数据仅供填写单据格式参考）。

采购订单

序号	品名	规格	单位	到货时间	数量	单价	折扣率	金额小计
1	钢管	Φ外16/Φ内11/L5000 (mm)	根	2020.1.25	2400	121.80		292320.00
2	坐垫	HJM500	个	2020.1.25	1200	92.80		111360.00
3	车篷	HJ72*32*40	个	2020.1.25	1200	164.72		197664.00
4	车轮	HJΦ外125*Φ内60 (mm)	个	2020.1.25	4800	31.32		150336.00
5	经济型童车包装套件	HJTB100	套	2020.1.25	1200	103.24		123888.00

供应商名称：丰达工贸有限公司　采购类别：普通采购　合同编号：CG-HT-2020010001
付款方式：转账　订单编号：CGDD2020010001　制单日期：2020-01-05

金额合计　（大写）：捌拾柒万伍仟伍佰陆拾捌元整　（小写）：¥875568.00

备注

采购部经理：李斌　采购员：

第一联：供应商留存

图 3-4　采购订单样本

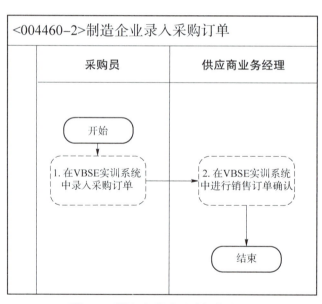

图 3-5　录入和确认采购订单流程

发货单

单据编号：FT2020010001　　日　期：20200105　　交货日期：20200105
销售订单号：Xsdd2020010001　　客户名称：好佳童车　　仓　库：普通仓库
业务员：　　　　　　　　　运输方式：物流-陆运　　联系人：

产品名称	产品型号	发货数量	备注
钢管	Φ外16/Φ内11/L5000 (mm)	2400 根	
坐垫	HJM500	1200 个	
车篷	HJ72*32*40	1200 个	
车轮	HJΦ外125*Φ内60 (mm)	4800 个	
经济型童车包装套件	HJTB100	1200 套	
合　计			

业务部经理：李鑫　　　财务部经理：吴迪　　　客户确认：

第一联：业务部留存

图 3-6　发货单样本

货物运输合同

甲方（托运人）：好佳童车制造有限公司
乙方（承运人）：隆飞物流有限公司

甲、乙双方经过协商，根据合同法有关规定，订立货物运输合同，条款如下：

一、货物运输期限从 2020 年 01 月 05 日起到 2020 年 01 月 05 日为止。

二、货物运输期限内，甲方委托乙方运输货物，运输方式为 公路 运输，具体货物收发人等事项，由甲、乙双方另签运单确定，所签运单作为本协议的附件与本协议具有同等的法律效力。

三、甲方须按照国家规定的标准对货物进行包装，没有统一规定包装标准的，应根据保证货物运输的原则进行包装。甲方货物包装不符合上述要求，乙方应向甲方提出，甲方不予更正的，乙方可拒绝起运。

四、乙方须按照运单的要求，在约定的期限内，将货物运到甲方指定的地点，交给甲方指定的收货人。

五、甲方支付给乙方的运输费用由 运单 确定，乙方将货物交给甲方指定的收货人及开具全额运输费用发票之日起 10 日内甲方支付全部运输费用。

六、乙方在将货物交给收货人时，同时应协助收货人亲笔签收货物以作为完成运输义务的证明。如乙方联系不上收货人时，应及时通知甲方，甲方有责任协助乙方及时通知收货人提货。

七、甲方交付乙方承运的货物乙方对此应予以高度重视，避免暴晒、雨淋，确保包装及内容物均完好按照运达指定地。运输过程中如发生货物灭失、短少、损坏、变质、污染等问题，乙方应确认数量并按照甲方购进或卖出时价格全额赔偿。

八、因发生自然灾害等不可抗力造成货物无法按期运达目的地时，乙方将情况及时通知甲方并取得相关证明，以便甲方与客户协调；非因自然灾害等不可抗力造成货物无法按时到达，乙方须在最短时间内运至甲方指定的收货地点并交给收货人，且赔偿逾期承运给甲方造成的全部经济损失。

九、本协议未尽事宜，由双方协商解决，协商不成，可向甲方住所地法院提起诉讼。

十、本协议一式两份，双方各持一份，双方签字盖章后生效。

托运人签字盖章：　　　　　　　　承运人签字盖章：
托运人：好佳童车制造有限公司　　承运人：隆飞物流有限公司
法定代表人：梁天　　　　　　　　法定代表人：李隆
地址：北京市海淀区北清路6号　　地址：北京市朝阳东大街38号
传真：010-62437783　　　　　　　传真：010-64667658
开户行：中国工商银行北京分行　　开户行：中国工商银行北京分行
账户：01002299993338823　　　　账户：01002299990000099019
签署日期：2020-01-05　　　　　　签署日期：2020-01-05

图 3-7　货物运输合同样本

①物流公司业务经理填写货物运输合同并填写合同会签单。
②物流公司总经理在合同会签单上签字。
③物流公司业务经理在货物运输合同上盖章，并把货物运输合同送交制造企业。
（5）制造企业与物流公司签订货物运输合同。
①制造企业仓管员接收货物运输合同，并填写合同会签单。
②制造企业仓储部经理在合同会签单上签字。

③制造企业采购部经理在合同会签单上签字。

④制造企业总经理在合同会签单上签字。

⑤制造企业行政助理在货物运输合同上盖章，返回物流公司一份合同，另一份由行政助理存档。

（6）物流公司开发票并去供应商处取货。

①物流公司总经理下达取货命令。

②物流公司业务经理填制运单和增值税专用发票，并发车取货。公路货物运单样本如图 3-8 所示（样本中的相关信息，可依据各自企业实际业务填写，样本数据仅供填写单据格式参考），物流公司开具的增值税专用发票样本如图 3-9 所示（样本中的相关信息，可依据各自企业实际业务填写，样本数据仅供填写单据格式参考）。

签订货物运输合同的注意事项

公路货物运单　新道 seentao 教学专用

	日期：	20200105					运单编号：	yd20200105002			
发货人	丰达工贸有限公司	地址	北京市南四环中路55号	电话	010-8945 8001	装货地点	北京市南四环中路55号				
收货人	好佳童车有限公司	地址	北京市海淀区北清路6号	电话	010-6243 7783	卸货地点	北京市海淀区北清路6号				
付款人	好佳童车有限公司	地址	北京市海淀区北清路6号	电话	010-6243 7783	约定起运时间	20200105	约定到达时间	20200105	需要车种	半挂型货车
货物名称及规格	包装形式	件数	体积 长*宽*高（cm）	件重（kg）	重量（t）	保价（元）	货物等级	计费项目			
								项目	里程（km）	单价（元）	金额（元）
钢管		2400						运费			¥43778.40
坐垫		1200						装卸费			
车篷		1200						单程空驶损失费			
车轮		4800						保价费			
包装套件		1200						合计			
合计		10800						大写金额　¥43778.40			
托运人记载事项			（付款人银行账号）	0100229999333823		承运人记载事项			（承运人银行账号）	0100229999000099019	
注意事项	1、托运人请勿填写栏内项目。 2、货物名称应填写具体品名，如货物品名过多，不能在托运单内逐一填写，必须另附货物清单。 3、保险或保价货物，在相应价格栏中填写货物声明价格。							托运人签章： 2020 年 01 月 05 日		承运人签章： 2020 年 01 月 05 日	

用友新道科技有限公司　网址：www.seentao.com　电话：4006600599　编码：DJ0198

第一联　受理存根

图 3-8　公路货物运单样本

1123559117　　北京增值税专用发票　　№ 62351276

机器编号：49992137610　　1123559117　62351276

开票日期：2020年1月5日

购买方	名　　称：好佳童车制造有限公司 纳税人识别号：110100101032345 地 址、电 话：北京市海淀区北清路6号 010-62437783 开户行及账号：中国工商银行北京分行 0100229999333823	密码区	035926>3>2<0230937-8>1*26906 374*91/- +588247>>/*6+>-89233 785926>3>2<0230937*57+89>097 4/ 737-++ 690195*6067/ /42+2-72

货物或应税劳务、服务名称	规格型号	单位	数量	单价	金额	税率	税额
*服务*物流运输					40163.67	9%	3614.73
合　　计					¥40163.67		¥3614.73
价税合计（大写）	⊗ 肆万叁仟柒佰柒拾捌元肆角整				（小写）¥43778.40		

销售方	名　　称：隆飞物流有限公司 纳税人识别号：100108231234856019 地 址、电 话：北京市卓尔大街38号 010-64667658 开户行及账号：中国工商银行北京分行 0100229999000099019	备注	隆飞物流有限公司 100108231234856019 发票专用章

收款人：　　复核：　　开票人：　　销售方：（章）

税总函〔2015〕340号北京印制有限公司

第三联：发票联　购买方记账凭证

图 3-9　增值税专用发票样本

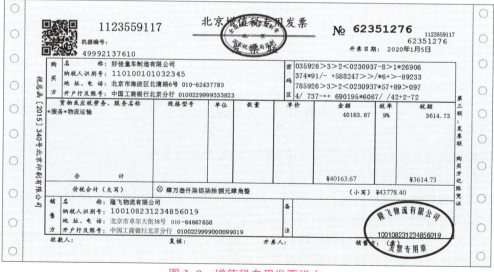

（7）供应商办理出库并开发票。

①供应商业务经理填写出库单，登记库存台账，更新销售发货明细表，提交增值税专用发票开票申请。

②供应商财务经理审核增值税专用发票开票申请。

③供应商总经理审核增值税专用发票开票申请。

④供应商财务经理填开增值税专用发票，登记发票领用表。增值税专用发票如图3-10所示（样本中的相关信息，可依据各自企业实际业务填写，样本数据仅供填写单据格式参考）。

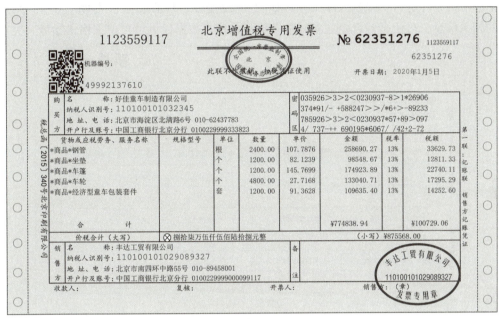

图3-10 增值税专用发票样本

⑤供应商业务经理将发票送至制造企业。

⑥供应商财务经理填写记账凭证。记账凭证样本如图3-11所示（样本中的相关信息，可依据各自企业实际业务填写，样本数据仅供填写单据格式参考）。

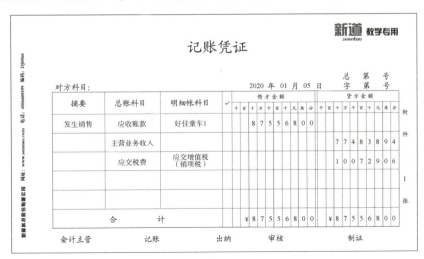

图3-11 记账凭证样本

⑦供应商总经理审核记账凭证。

⑧供应商财务经理登记数量金额明细账，登记科目明细账，登记总分类账。

（8）物流公司发货给制造企业。物流公司业务经理点验货物、确认发货单，需要在系统中进行操作，选择收货人后点击"运输"按钮，弹出运输订单，并点击"完成"按钮。

（9）制造企业到货并办理入库。制造企业仓管员办理物料验收入库，填写采购入库单，登记采购合同执行情况，登记库存台账。制造企业财务部按照成本会计填写记账凭证—财务部经理审核记账凭证—成本会计登记数量金额明细账—财务会计登记科目明细账—财务部经理登记总账的程序进行。采购入库单样本如图 3-12 所示，库存台账样本如图 3-13 所示（样本中的相关信息，可依据各自企业实际业务填写，样本数据仅供填写单据格式参考）。

采购入库单

制 单 日 期：20200125　　　　　　仓　　库：普通仓库
供应商名称：丰达工贸有限公司　　　类　　型：普通采购
单据编号：　　　　　　　　　　　　采购订单号：CGDD202001001

序号	品名	规格型号	单位	入库时间	数量	备注
1	钢管	Φ外16/Φ内11/L5000 (mm)	根	20200125	2400	
2	坐垫	HJM500	个	20200125	1200	
3	车篷	HJ72*32*40	个	20200125	1200	
4	车轮	HJΦ外125*Φ内60 (mm)	个	20200125	4800	
5	包装套件	HJTB100	套	20200125	1200	
合计						

仓储部经理：李斌　　　　　　　仓管员：付海生

图 3-12　采购入库单样本

库存台账

物料名称：钢管　　　　　　　规格：Φ外16/Φ内11/L5000 (mm)　　最高存量：
物料编号：B0001　　　　　　　仓位：普通仓库　　　　　　　　　　最低存量：

2020 年		凭证号数	摘要	入库		出库		结存	
月	日			数量	单价	数量	单价	数量	单价
1	5		上期结转					10800	105.20
1	5		车架生产出库			9600		1200	
1	25		采购到货	2400				3600	
1	25		采购到货	2400				6000	
1	25		采购到货	2400				8400	
1	25		采购到货	2400				10800	

图 3-13　库存台账样本

库存台账

物料名称：坐垫　　　规格：HJM500　　　最高存量：
物料编号：B0003　　　仓位：普通仓库　　　最低存量：

2020 年		凭证号数	摘要	入库		出库		结存	
月	日			数量	单价	数量	单价	数量	单价
1	5		上期结转					5400	80.18
1	5		车架生产出库			4800		600	
1	25		采购到货	1200				1800	
1	25		采购到货	1200				3000	
1	25		采购到货	1200				4200	
1	25		采购到货	1200				5400	

库存台账

物料名称：车篷　　　规格：HJ72*32*40　　　最高存量：
物料编号：B0005　　　仓位：普通仓库　　　最低存量：

2020 年		凭证号数	摘要	入库		出库		结存	
月	日			数量	单价	数量	单价	数量	单价
1	5		上期结转					5400	144.26
1	5		生产出库			4800		600	
1	25		采购到货	1200				1800	
1	25		采购到货	1200				3000	
1	25		采购到货	1200				4200	
1	25		采购到货	1200				5400	

图 3-13　库存台账样本（续）

库 存 台 账

物料名称：车轮
物料编号：B0006
规格：HJΦ外125*Φ内60 (mm)
仓位：普通仓库
最高存量：
最低存量：

2020 年		凭证号数	摘 要	入库		出库		结存	
月	日			数量	单价	数量	单价	数量	单价
1	5		上期结转					21600	26.89
1	5		生产出库			19200		2400	
1	25		采购到货	4800				7200	
1	25		采购到货	4800				12000	
1	25		采购到货	4800				16800	
1	25		采购到货	4800				21600	

库 存 台 账

物料名称：经济童车包装套件
物料编号：B0007
规格：HJTB100
仓位：普通仓库
最高存量：
最低存量：

2020 年		凭证号数	摘 要	入库		出库		结存	
月	日			数量	单价	数量	单价	数量	单价
1	5		上期结转					5400	90.16
1	5		生产出库			4800		600	
1	25		采购到货	1200				1800	
1	25		采购到货	1200				3000	
1	25		采购到货	1200				4200	
1	25		采购到货	1200				5400	

图 3-13　库存台账样本（续）

（10）制造企业收到运费发票并支付。按照制造企业仓管员填写运费付款申请单—制造企业仓储部经理审核付款申请单—制造企业财务部经理审核付款申请单—制造企业出纳办理网银付款业务—制造企业财务会计填写记账凭证—制造企业财务部经理审核记账凭证—制造企业出纳登记银行存款日记账—制造企业财务会计登记科目明细账—制造企业财务部经理登记总账的程序进行。

（11）制造企业收到供应商发票并支付。按照制造企业采购员填写付款申请单—制造企业采购部经理审核付款申请单—制造企业财务部经理审核付款申请单—制造企业出纳办理网银付款业务—制造企业财务会计填写记账凭证—制造企业财务部经理审核记账凭证—制造企业出纳登记银行存款日记账—制造企业财务会计登记科目明细账—制造企业财务部经理登记总账的程序进行。记账凭证样本如图3-14所示（样本中的相关信息，可依据各自企业实际业务填写，样本数据仅供填写单据格式参考）。

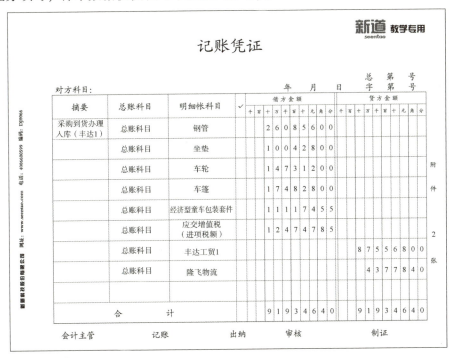

图3-14　记账凭证样本

（12）物流公司收到制造企业运费回单。物流公司总经理在系统中执行，查询网银对账，去银行柜员处打印到账通知。

（13）供应商收到制造企业货款。按照供应商收到制造企业货款—供应商业务经理查询网银—银行柜员打印业务回单—供应商业务经理确认回款—供应商财务经理填写记账凭证—供应商总经理审核记账凭证—供应商总经理登记日记账—供应商财务经理登记明细账、总账的程序进行。

3.1.5　实训思考

如何以最优性价比采购到符合需求的货物？

实训任务 3.2　制造企业销售收款业务

3.2.1　实训目标

（1）熟悉制造企业销售收款业务流程。
（2）掌握销售业务账务处理。

3.2.2　实训内容

完成销售业务流程。

3.2.3　实训工具

VBSE 实训系统软件、多媒体教室。

3.2.4　实训步骤

（1）经销商与制造企业签订购销合同，购销合同的签订由经销商发起。按照经销商采购经理填写购销合同、在合同会签单上签字—经销商财务经理审核购销合同、在合同会签单上签字—经销商总经理审核购销合同、在合同会签单上签字—经销商行政经理在合同上盖章—经销商采购经理登记购销合同的程序进行。经销商与制造企业签订的购销合同样本如图 3-15 所示，合同会签单样本如图 3-16 所示（样本中的相关信息，可依据各自企业实际业务填写，样本数据仅供填写单据格式参考）。

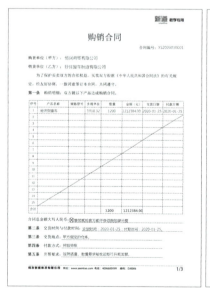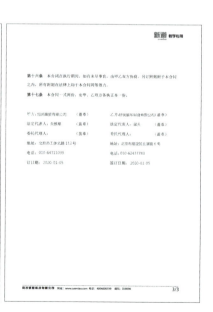

图 3-15　购销合同样本

送签部门	采购部	签约人: 范易龙	承办人: 范易龙	电 话: 13801234567 E-mail:

合同会签单

单据编号：HT202001001　　　　会签日期：2020 年 01 月 05 日

合同名称	经济型童车采购合同	对方单位	好佳童车制造有限公司
合同主要 内　　容	向好佳童车制造有限公司 采购经济型童车	合同金额 （大写）	壹佰贰拾壹万叁仟捌佰肆拾元
业务部门 审批意见	部门经理：范易龙		日期：2020-01-05
财务部 审批意见	财务经理：武妍伊		日期：2020-01-05
总 经 理 审批意见	总 经 理：吴雅寒 （付款金额1万以上的由总经理审批）		日期：2020-01-05
争议解决	依据合同约定处理，存在争议的可以通过法律途径解决		
归档情况	已归档		

图 3-16　合同会签单样本

（2）制造企业与经销商签订购销合同。经销商采购经理持一式两份盖过章的纸质合同到制造企业，制造企业销售专员收到购销合同，填写合同会签单。按照制造企业销售部经理在合同会签单上签字—制造企业财务部经理在合同会签单上签字—制造企业总经理在合同会签单上签字—行政助理在购销合同上盖章并存档—制造企业销售专员登记购销合同的程序进行。

（3）经销商录入采购订单。按照经销商采购经理录入采购订单—制造企业销售专员确认采购订单的程序进行。采购订单样本如图 3-17 所示（样本中的相关信息，可依据各自企业实际业务填写，样本数据仅供填写单据格式参考）。

（4）制造企业下达发货通知。

①制造企业销售专员填制发货单。

采 购 订 单　　新道 seentao 教学专用

供应商名称：好佳童车制造有限公司　采购类别：普通采购　　合同编号：XS2020010001
付 款 方 式：转账　　订单编号：CGHT202001001　　制单日期：20200105

序号	品名	规格	单位	到货时间	数量	单价	折扣率	金额小计
1	经济型童车		辆	20200125	1200	1010.32		1212384.00
2								
3								
4								
5								
金额合计		(大写)：壹佰贰拾壹万贰仟叁佰捌拾肆元整				(小写)：¥1212384.00		
备　注								

采购部经理：　　采购员：

第四联：供应商留存

用友新道科技有限公司　网址：www.seentao.com　电话：4006600599　编码：DJ0119

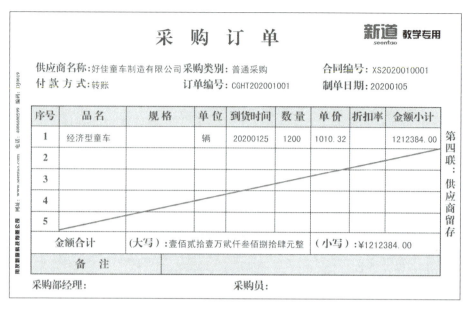

图 3-17　采购订单样本

②制造企业营销部经理审核发货单。

③制造企业销售专员分发发货单。

(5) 经销商接到发货通知。此任务不需要填写线上单据，也不需要进行线上操作。经销商采购经理收到制造企业传来的纸质发货单，通知仓库准备收货。

(6) 经销商向物流公司下达运输订单。物流公司接到订单后，受理经销商运输订单，物流公司去制造企业取货，然后开票。按物流公司总经理下达取货命令—物流公司业务经理填制运输订单、增值税专用发票并发车取货的程序进行。运输订单样本如图 3-18 所示（样本中的相关信息，可依据各自企业实际业务填写，样本数据仅供填写单据格式参考）。

运 输 订 单　　新道 seentao 教学专用

订单号：ysdd2020010011				运单号：					
发货人	恒润商贸有限公司	地址	北京市工体北路112号	电话	010-64311039	邮编	100027	装货地点	北京市海淀区北清路6号
收货人	恒润商贸有限公司	地址	北京市工体北路112号	电话	010-64311039	邮编	100027	卸货地点	北京市工体北路1号
取货时间	20200105	到货时间	20200105	是否取送	☑取货 ☑送货	签单返回	☑运单 ☑客户单据	需要车种	半挂式货车
序号	货名称品	单位	体积（立方米）	重量（公斤）	数量	备注	费用		
1	经济型童车	辆			1200		运费		60619.20
2							杂费		
3							保险费		
合计：					1200		运杂费合计：		¥60619.20
结算方式	□托运人现结 ☑托运人月结 □收货人现结 □收货人月结 □第三方付费					预收款		付费账号	0100229999000099030

制单人：　　受理日期 20200105　　受理单位 隆飞物流有限公司

用友新道科技有限公司　网址：www.seentao.com　电话：4006600599　编码：DJ0199

图 3-18　运输订单样本

（7）制造企业为经销商办理出库发货。按照制造企业仓管员接收物流运输订单并填制销售出库单—制造企业仓储部经理审核单据并办理出库—制造企业仓管员登记库存台账的程序进行。库存台账样本如图 3-19 所示（样本中的相关信息，可依据各自企业实际业务填写，样本数据仅供填写单据格式参考）。

物料名称：经济童车			规格：			最高存量：				
物料编号：P0001			仓位：普通仓库			最低存量：				
2020 年		凭证号数	摘要	入库		出库		结存	
月	日			数量	单价	数量	单价	数量	单价
1	5		上期结转					5400	756.82
1	5		销售出库			1200		4200	

图 3-19　库存台账样本

（8）制造企业为经销商开票。

①制造企业出纳开具发票。增值税专用发票样本如图 3-20 所示（样本中的相关信息，可依据各自企业实际业务填写，样本数据仅供填写单据格式参考）。

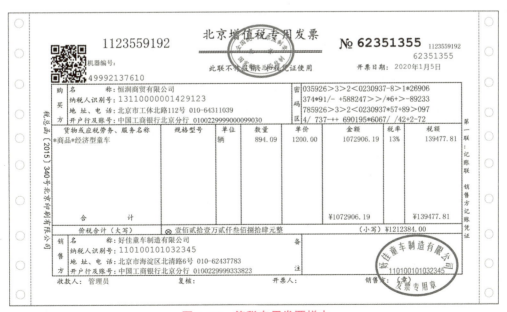

图 3-20　值税专用发票样本

②制造企业销售专员将发票送给经销商。
③制造企业财务会计登记记账凭证。
④制造企业财务部经理审核记账凭证。
⑤制造企业财务会计登记明细账。
⑥制造企业财务部经理登记总账。

（9）物流公司发货给经销商。物流公司业务经理点验托运货物，确认发货单，将货物和制造企业开具的运费发票发给经销商。此任务需要在系统中进行操作，选择收货人后点击"运输"按钮，并点击"完成"按钮。

（10）经销商收到运费发票并支付。经销商仓储经理收到运费发票，经销商财务经理审核运费发票，经销商出纳填写记账凭证。记账凭证样本如图 3-21 所示（样本中的相关信息，可依据各自企业实际业务填写，样本数据仅供填写单据格式参考）。

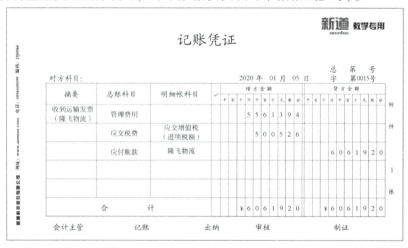

图 3-21　记账凭证样本

①经销商财务经理审核记账凭证。
②经销商财务经理登记日记账、总账。
③经销商仓储经理填写付款申请。
④经销商财务经理审核付款申请。
⑤经销商总经理审核付款申请。
⑥经销商出纳办理网银付款业务，编制记账凭证。
⑦经销商财务经理审核凭证。
⑧经销商出纳登日记账。
⑨经销商财务经理登记明细账、总账。

（11）经销商收到制造企业发票并支付货款。与支付物流公司运费相似。

（12）制造企业收到经销商货款银行回单。制造企业出纳到银行打印收款回单，依据收款回单填制记账凭证，登记日记账明细账和总账。

3.2.5　实训思考

到货验收时，如果验收标准不明确、验收程序不规范、对验收中存在的异常不做处理，会造成怎样的损失？

实训任务 3.3　生产业务

对于制造企业来说,生产是企业创造价值的主要环节。生产业务涉及的部门较多,协调好生产业务的各个环节,企业才能从中获益。制造企业的生产业务是整个实训的核心环节,主要包括编制主生产计划和物料需求计划、派工领料、完工入库等业务,在整个供应体系中发挥着重要作用。

销售需求是制造企业开工生产的依据,销售部门在销售过程中明确客户对产品特性及数量要求,才能及时准确地生产所需产品,避免浪费,避免过剩。

3.3.1　实训目标

(1) 熟悉制造企业生产业务流程及各部门间的关联。
(2) 掌握主生产计划和物料需求计划的编制。
(3) 掌握生产业务的核心单据处理。
(4) 掌握生产计划业务的账务处理。

3.3.2　实训内容

完成生产业务流程。

3.3.3　实训工具

VBSE 实训系统软件、多媒体教室。

3.3.4　实训步骤

(1) 整理销售需求,编制销售计划。此过程按照销售专员编制销售计划—营销部经理审核销售计划—营销部经理下达销售计划三个步骤进行。销售计划样本如图 3-22 所示(样本中的相关信息,可依据各自企业实际业务填写,样本数据仅供填写单据格式参考)。

(2) 编制主生产计划。在 VBSE 固定数据阶段,制造企业只生产经济型童车一种,生产计划员依据销售专员提供的经济型童车销售计划,结合当前库存和产能情况编制主生产计划。主生产计划计算表样本如图 3-23 所示(样本中的相关信息,可依据各自企业实际业务填写,样本数据仅供填写单据格式参考)。

编制主生产计划后,需要核验并审批主生产计划,确保生产计划准确无误、科学有效。

(3) 编制物料净需求计划。

①生产计划员依据主生产计划、物料库存清单,通过填制物料需求计划计算表(计算表样本如表 3-2 所示,样本中的相关信息,可依据各自企业实际业务填写,样本数据仅供填写单据格式参考),来计算物料净需求计划计算表(计算表样本如表 3-3 所示,样本中的相关信息,可依据各自企业实际业务填写,样本数据仅供填写单据格式参考)的数据。

②生产计划部经理审核物料净需求计划。

③生产计划员将物料净需求计划送交采购部经理,以便安排采购。

经济型童车销售计划										
	1月		2月		3月		4月		5月	
	5	25	5	25	5	25	5	25	5	25
订单数量	4800	0	0	0	0	0	0	0	0	0
交货数量	4800									
安全库存	5400	5400	5400	5400	5400	5400	5400	5400	5400	5400
期初库存	5400									
实际库存	600	5400								
生产订单	4800									
完工数量		4800								

注：（1月5日）库存数量=期初库存-交货数量；
（1月5日）生产订单数量=安全库存-实际库存；
（1月25日）完工数量即上一虚拟日生产订单的派工数量；
（1月25日）实际库存数量=完工数量+实际库存数量（1月5日）。

图 3-22 经济型童车销售计划样本

主生产计划计算表										
生产批量	100	12月	1月		2月		3月		4月	
安全库存	5400									
日期		25	5	25	5	25	5	25	5	25
销售预测			4000	0	4800	4800				
销售订单			4800	0	0	0				
预计生产量		0	4800	0	4800	4800	0	0	0	0
期初库存		5400	600	5400	5400	5400	5400	5400	5400	5400
安全库存		5400	5400	5400	5400	5400	5400	5400	5400	5400
可用库存		0	-4800	0	0	0	0	0	0	0
生产能力		5000	5000	5000	5000	5000				
生产批量		100	100	100	100	100	100	100	100	100
预计主生产计划量		4800	4800	4800	4800	0	0	0	0	0
实际主生产计划量		0	4800	4800	4800	0	0	0	0	0

图 3-23 主生产计划计算表样本

表 3-2 物料需求计划计算表样本

物料编号	物料名称	12月	1月		2月		3月		4月	
		25	5	25	5	25	5	25	5	25
M0001	经济型童车车架	0	4800	4800	4800	0	0	0	0	0
B0005	车篷	0	4800	4800	4800	0	0	0	0	0
B0006	车轮	19200	19200	19200	0	0	0	0	0	0
B0007	经济型童车包装套件	0	4800	4800	4800	0	0	0	0	0
B0001	钢管	9600	9600	9600	0	0	0	0	0	0

注：期初库存是在计算了本月完工入库和销售出库的数量之后得到的本期期初库存。

表3-3 物料净需求计划计算表样本

物料编号	物料名称	生产批量	12月	1月		2月		3月		4月	
		100	25	5	25	5	25	5	25	5	25
M0001	经济型童车车架	需求量	0	4800	4800	4800	0	0	0	0	0
		期初库存	5400	600	600	600	600	600	600	600	600
		安全库存	600	600	600	600	600	600	600	600	600
		可用库存	4800	0	0	0	0	0	0	0	0
		预计净需求量	0	4800	4800	0	0	0	0	0	0
		实际净采求量	0	4800	4800	0	0	0	0	0	0

物料编号	物料名称	采购批量	12月	1月		2月		3月		4月	
		100	25	5	25	5	25	5	25	5	25
B0005	车篷	需求量	0	4800	4800	4800	0	0	0	0	0
		期初库存	5400	600	600	600	600	600	600	600	600
		安全库存	600	600	600	600	600	600	600	600	600
		可用库存	4800	0	0	0	0	0	0	0	0
		预计净需求量	4800	4800	0	0	0	0	0	0	0
		实际净需求量	0	4800	4800	0	0	0	0	0	0

物料编号	物料名称	采购批量	12月	1月		2月		3月		4月	
		100	25	5	25	5	25	5	25	5	25
B0006	车轮	需求量	0	19200	19200	19200	0	0	0	0	0
		期初库存	21600	2400	2400	2400	2400	2400	2400	2400	2400
		安全库存	2400	2400	2400	2400	2400	2400	2400	2400	2400
		可用库存	19200	0	0	0	0	0	0	0	0
		预计净需求量	0	19200	19200	0	0	0	0	0	0
		实际净彩术量	0	19200	19200	0	0	0	0	0	0

物料编号	物料名称	采购批量	12月	1月		2月		3月		4月	
		100	25	5	25	5	25	5	25	5	25
B0007	经济型童车包装套件	需求量	0	4800	4800	4800	0	0	0	0	0
		期初库存	5400	600	600	600	600	600	600	600	600
		安全库存	600	600	600	600	600	600	600	600	600
		可用库存	4800	0	0	0	0	0	0	0	0
		预计净需求量	0	4800	4800	0	0	0	0	0	0
		实际净需求量	0	4800	4800	0	0	0	0	0	0

续表

物料编号	物料名称	生产批量	12月	1月		2月		3月		4月	
		100	25	5	25	5	25	5	25	5	25
B0001	钢管	需求量	0	9600	9600	0	0	0	0	0	0
		期初库存	10800	1200	1200	1200	1200	1200	1200	1200	1200
		安全库存	1200	1200	1200	1200	1200	1200	1200	1200	1200
		可用库存	9600	0	0	0	0	0	0	0	0
		预计净需求量	9600	9600	0	0	0	0	0	0	0
		实际净需求量	0	9600	0	0	0	0	0	0	0

物料编号	物料名称	采购批量	12月	1月		2月		3月		4月	
		100	25	5	25	5	25	5	25	5	25
B0003	坐垫	需求量	0	4800	4800	0	0	0	0	0	0
		期初库存	5400	600	600	600	600	600	600	600	600
		安全库存	600	600	600	600	600	600	600	600	600
		可用库存	4800	0	0	0	0	0	0	0	0
		预计净需求量	4800	4800	0	0	0	0	0	0	0
		实际净需求量	0	4800	0	0	0	0	0	0	0

注：期初库存是在计算了本月完工入库和销售出库的数量之后得到的本期期初库存。

（4）派工领料。

①生产计划员填写派工单。

②车间管理员填写领料单。

③仓管员核对生产用料、填写材料出库单，并办理材料出库。出库单样本如图3-24所示（样本中的相关信息，可依据各自企业实际业务填写，样本数据仅供填写单据格式参考）。

图3-24 出库单样本

材料出库单

单据编号：SCLL003　　　　出库类型：生产领料
出库日期：20200105　　　　派工单号：PG002

序号	物料名称	物料编码	出库数量	单价	金额	备注
1	M0001	经济型童车车架	4800			组装车间
2	B0005	车篷	4800			
3	B0006	车轮	19200			
4	B0007	经济型童车包装套件	4800			
5						
合计						

仓管员：王宝珠　　仓储部经理：何海明　　车间管理员：孙盛国

第一联：仓储部存根

图3-24　出库单样本（续）

④仓储部经理登记库存台账。库存台账样本如图3-25所示（样本中的相关信息，可依据各自企业实际业务填写，样本数据仅供填写单据格式参考）。

⑤车间管理员在VBSE实训系统中办理派工。

图3-25　库存台账样本

库存台账

物料名称：坐垫 规格：HJM500 最高存量：
物料编号：B0003 仓位：普通仓库 最低存量：

2020年		凭证号数	摘要	入库		出库		结存	
月	日			数量	单价	数量	单价	数量	单价
01	05		上期结转					5400	80.18
01	05		生产出库			4800		600	

库存台账

物料名称：车篷 规格：HJ72*32*40 最高存量：
物料编号：B0005 仓位：普通仓库 最低存量：

2020年		凭证号数	摘要	入库		出库		结存	
月	日			数量	单价	数量	单价	数量	单价
01	05		上期结转					5400	144.26
01	05		生产出库			4800		600	

图 3-25 库存台账样本（续）

库存台账

物料名称：车轮　　　　　　　规格：HJΦ外125*Φ内60(mm)　　最高存量：
物料编号：B0006　　　　　　　仓位：普通仓库　　　　　　　　最低存量：

2020年		凭证号数	摘要	入库		出库		结存	
月	日			数量	单价	数量	单价	数量	单价
01	05		上期结转					21600	26.89
01	05		生产出库			19200		2400	

库存台账

物料名称：经济童车包装套件　　规格：HJTB100　　　　　　最高存量：
物料编号：B0007　　　　　　　仓位：普通仓库　　　　　　最低存量：

2020年		凭证号数	摘要	入库		出库		结存	
月	日			数量	单价	数量	单价	数量	单价
01	05		上期结转					5400	90.16
01	05		生产出库			4800		600	

图 3-25　库存台账样本（续）

（5）完工入库。

①车间管理员生成完工单。完工单样本如图 3-26 所示（样本中的相关信息，可依据各自企业实际业务填写，样本数据仅供填写单据格式参考）。

完 工 单

生产部门：
完工单号：
编制日期：2020 年 01 月 25 日

产品名称	完工日期	计划产量	实际完工量	剩余在制品	待检验	不良产品数
经济车架	20200125		4800			

部门经理：　　　　　　　　车间管理员：孙盛国

第一联：生产计划部留存

完 工 单

生产部门：
完工单号：
编制日期：2020 年 01 月 25 日

产品名称	完工日期	计划产量	实际完工量	剩余在制品	待检验	不良产品数
经济型童车	20200125		4800			

部门经理：　　　　　　　　车间管理员：孙盛国

第一联：生产计划部留存

图 3-26　完工单样本

②生产计划部经理审核完工单并签字。

③仓管员填写生产入库单，办理入库，并登记库存台账。生产入库单样本如图 3-27 所示（样本中的相关信息，可依据各自企业实际业务填写数据，样本数据仅供填写单据格式参考）。

生产入库单

制单日期：20200125　　　仓　　库：普通仓库
单据编号：SCRK202001001　　完工单编号：20200125001

序号	品名	规格型号	单位	入库时间	数量	备注
1	经济车架	HJTB100	个	20200125	4800	
2						
3						
4						
5						
合计						

仓储部经理：何海明　　仓管员：王宝珠　　车间管理员：孙盛国

第一联：仓储部存根

生产入库单

制单日期：20200125　　　仓　　库：普通仓库
单据编号：SCRK202001002　　完工单编号：20200125002

序号	品名	规格型号	单位	入库时间	数量	备注
1	经济型童车		辆	20200125	4800	
2						
3						
4						
5						
合计						

仓储部经理：何海明　　仓管员：王宝珠　　车间管理员：孙盛国

第一联：仓储部存根

图 3-27　生产入库单样本

3.3.5　实训思考

生产车间如何保证企业资源的合理配置，避免产品积压、物资浪费？

实训任务 3.4　部门借款业务

3.4.1　实训目标

（1）熟悉制造企业借款业务流程及各部门间的关联。
（2）掌握部门借款业务账务处理。

3.4.2　实训内容

完成部门借款业务流程。

3.4.3　实训工具

VBSE 实训系统软件、多媒体教室。

借款业务

3.4.4　实训步骤

此业务以人力资源部借款为例。人力资源部借款流程如表 3-4 所示。

表 3-4　人力资源部借款流程

序号	操作步骤	角色	操作内容
1	填写借款单	人力资源助理	1. 填写借款单（实际工作中可能填写纸质借款单），借款作为部门备用金； 2. 拿借款单找人力资源部经理审核
2	审核借款单	总经理	1. 对借款用途、金额、付款条款进行审核； 2. 审核无误，在审核意见处签字确认
3	审核借款单	财务部经理	1. 对借款用途、金额、付款条款进行审核； 2. 审核无误，在审核意见处签字确认
4	确认借款单并支付现金	出纳	1. 接收财务部经理交给的已审核过的借款单； 2. 支付现金给借款人并由借款人签字； 3. 借款单签字盖章并将借款单交给财务会计（做凭证）
5	填制记账凭证	财务会计	1. 接收出纳交给的借款单； 2. 填制记账凭证，将借款单粘贴在后面作为附件； 3. 送财务部经理审核
6	审核记账凭证	财务部经理	1. 接收财务会计交给的记账凭证，进行审核； 2. 审核无误后，在记账凭证上签字或盖章； 3. 交出纳登记现金日记账
7	登记现金日记账	出纳	1. 接收财务部经理审核后的记账凭证； 2. 在记账凭证上签字或盖章； 3. 根据记账凭证登记现金日记账； 4. 将记账凭证交财务会计登记科目明细账

续表

序号	操作步骤	角色	操作内容
8	登记科目明细账	财务会计	1. 接收出纳交给的记账凭证； 2. 在记账凭证上签字或盖章； 3. 根据记账凭证登记科目明细账
9	登记总账	财务部经理	1. 接收财务会计交给的记账凭证； 2. 在记账凭证上签字或盖章； 3. 根据记账凭证登记总账

（1）人力资源助理填写借款单，人力资源部经理审核借款单。借款单样本如图 3-28 所示（样本中的相关信息，可依据各自企业实际业务填写数据，样本数据仅供填写单据格式参考）。

新道 教学专用 seentao

借　款　单

部门：人力资源部　　　2020 年　01　月　05　日

借款用途　部门备用金

借款金额

人民币（大写）　伍佰元整　　　¥　500.00

☒现金　　☐支票　　☐电汇

财务部经理：钱坤　　总经理：梁天　　部门经理：张万年　　借款人：肖红

用友新道科技有限公司　网址：www.seentao.com　电话：4006600599　编码：DJ0003

图 3-28　借款单样本

（2）总经理审核借款单。

（3）财务部经理审核借款单。

（4）出纳确认借款单并支付现金。

（5）财务会计填制记账凭证。

（6）财务部经理审核记账凭证。

（7）出纳登记现金日记账。

（8）财务会计登记科目明细账。

（9）财务部经理登记总账。

3.4.5　实训思考

企业如何加强资金管理，提高资金利用效率？

实训任务 3.5　批量办理个人银行卡业务

3.5.1　实训目标

熟悉企业批量办理个人银行卡业务。

3.5.2　实训内容

完成批量办理个人银行卡业务。

3.5.3　实训工具

VBSE 实训系统软件、多媒体教室。

3.5.4　实训步骤

实务中关于个人银行卡的办理业务，每个银行要求不同。以中国工商银行为例，第一次办理银行卡集体开卡时，需要提供企业的营业执照、开户许可证。企业要与银行签署批量开户协议，填写集体开卡申请书，提交办卡人身份证复印件。如果以前办理过批量开卡业务，再次办理时则不需要提交营业执照。

（1）人力资源助理收集新上岗员工基本信息，填写借记卡集体申领登记表。借记卡集体申领登记表样本如图 3-29 所示（样本中的相关信息，可依据各自企业实际业务填写数据，样本数据仅供填写单据格式参考）。

（2）人力资源部经理审核借记卡集体申领登记表。

（3）人力资源助理携借记卡集体申领登记表到银行办理开卡业务。

（4）银行柜员办理银行开卡业务。

（5）人力资源助理领回银行卡，并将申领登记表存档。银行卡样本如图 3-30 所示。

3.5.5　实训思考

企业办理集体开卡业务时，需要办理哪些手续？

借记卡集体申领登记表

申请日期：2020 年 01 月 05 日

单 位 名 称	好佳童车制造有限公司	单位地址	北京市海淀区	银行备注栏	
负责人姓名	梁天	联系电话	010-62341111		
本单位愿意集体申领借记卡，保证提供的下述资料真实可靠。 单位盖章：				银行盖章处	
序号	姓名	性别	证件名称	证件号码	联系地址（实训省略）	邮编（实训省略）	联系电话（实训省略）	（银行柜员填写银行卡号）

序号	姓名	性别	证件名称	证件号码	联系地址（实训省略）	邮编（实训省略）	联系电话（实训省略）	（银行柜员填写银行卡号）
1	梁天	男	身份证		北京市海淀区	100086	010-62341111	4231588997835001
2	张万军	男	身份证		北京市海淀区	100086	010-62341112	4231588997835002
3	李斌	男	身份证		北京市海淀区	100086	010-62341113	4231588997835003
4	何明海	男	身份证		北京市海淀区	100086	010-62341114	4231588997835004
5	钱坤	男	身份证		北京市海淀区	100086	010-62341115	4231588997835005
6	叶润中	女	身份证		北京市海淀区	100086	010-62341116	4231588997835006
7	杨笑笑	女	身份证		北京市海淀区	100086	010-62341117	4231588997835007
8	叶瑛	女	身份证		北京市海淀区	100086	010-62341118	4231588997835008
9	肖红	女	身份证		北京市海淀区	100086	010-62341119	4231588997835009
10	付海生	男	身份证		北京市海淀区	100086	010-62341120	4231588997835010
11	王宝珠	女	身份证		北京市海淀区	100086	010-62341121	4231588997835011
12	刘自强	男	身份证		北京市海淀区	100086	010-62341122	4231588997835012
13	朱中华	男	身份证		北京市海淀区	100086	010-62341123	4231588997835013
14	赵丹	女	身份证		北京市海淀区	100086	010-62341124	4231588997835014
15	周群	男	身份证		北京市海淀区	100086	010-62341125	4231588997835015
16	孙盛国	男	身份证		北京市海淀区	100086	010-62341126	4231588997835016
17	马博	男	身份证		北京市海淀区	100086	010-62341127	4231588997835017
18	刘思羽	女	身份证		北京市海淀区	100086	010-62341128	4231588997835018

图 3-29　借记卡集体申领登记表样本

图 3-30　银行卡样本

实训任务 3.6　薪酬发放业务

3.6.1　实训目标

（1）熟悉薪酬发放业务流程。
（2）掌握薪酬发放业务账务处理。

3.6.2　实训内容

完成薪酬发放业务流程。

3.6.3　实训工具

VBSE 实训系统软件、多媒体教室。

3.6.4　实训步骤

（1）人力资源助理薪资录盘。人力资源助理在系统里打开系统界面，点击"业务操作"按钮进行薪资录盘，依据职工薪酬发放表修改并保存职工基本工资。在系统中修改完毕后，点击"导出"按钮，下载修改并保存过的工资表，将导出的工资表复制到 U 盘上，以便后续工资表核对和薪资的发放。工资表样本如图 3-31 所示（样本中的相关信息，可依据各自企业实际业务填写，样本数据仅供填写单据格式参考）。

（2）人力资源助理填写支出凭单，同时将复制工资表的 U 盘一同交给人力资源部经理审核。

（3）人力资源部经理审核支出凭单和薪酬发放表。
（4）财务部经理审核支出凭单和薪酬发放表。
（5）出纳开具转账支票，登记支票登记簿，并去银行办理薪资发放。
（6）银行柜台发放薪资。
（7）出纳取得银行业务回单。银行业务回单样本如图 3-32 所示（样本中的相关信息，可依据各自企业实际业务填写，样本数据仅供填写单据格式参考）。
（8）财务会计编制记账凭证。记账凭证样本如图 3-33 所示（样本中的相关信息，可依据各自企业实际业务填写，样本数据仅供填写单据格式参考）。
（9）财务部经理审核记账凭证。
（10）出纳登记银行存款日记账。
（11）财务会计登记科目明细账。
（12）财务部经理登记总账。

3.6.5　实训思考

考虑到会计核算中的权责发生制原则，本月发放的工资是本月的费用吗？

工号	姓名	部门	岗位	基本工资	代扣款项目					五险小计	住房公积金 10%	五险一金合计	应税工资	应扣个人所得税	实发金额
					养老保险 8%	医疗保险 2%+3	失业保险 0.2%	工伤保险	生育保险						
1001	梁天	企业管理部	总经理	12000.00	960.00	243.00	24.00	-	-	1227.00	1200.00	2427.00	9573.00	457.30	9115.70
1002	张万军	人力资源部	经理	7500.00	600.00	153.00	15.00	-	-	768.00	750.00	1518.00	5982.00	29.46	5952.54
1003	李斌	采购部	经理	7500.00	600.00	153.00	15.00	-	-	768.00	750.00	1518.00	5982.00	29.46	5952.54
1004	何明海	仓储部	经理	7500.00	600.00	153.00	15.00	-	-	768.00	750.00	1518.00	5982.00	29.46	5952.54
1005	钱坤	财务部	经理	7500.00	600.00	153.00	15.00	-	-	768.00	750.00	1518.00	5982.00	29.46	5952.54
1006	叶润中	生产计划部	经理	7500.00	600.00	153.00	15.00	-	-	768.00	750.00	1518.00	5982.00	29.46	5952.54
1007	杨笑笑	营销部	经理	7500.00	600.00	153.00	15.00	-	-	768.00	750.00	1518.00	5982.00	29.46	5952.54
1008	叶瑛	企业管理部	助理	5500.00	440.00	113.00	11.00	-	-	564.00	550.00	1114.00	4386.00	-	4386.00
1009	肖红	人力资源部	助理	5500.00	440.00	113.00	11.00	-	-	564.00	550.00	1114.00	4386.00	-	4386.00
1010	付海生	采购部	采购员	5500.00	440.00	113.00	11.00	-	-	564.00	550.00	1114.00	4386.00	-	4386.00
1011	王宝珠	仓储部	仓管员	5500.00	440.00	113.00	11.00	-	-	564.00	550.00	1114.00	4386.00	-	4386.00
1012	刘自强	财务部	成本会计	5500.00	440.00	113.00	11.00	-	-	564.00	550.00	1114.00	4386.00	-	4386.00
1013	朱中华	财务部	财务会计	5500.00	440.00	113.00	11.00	-	-	564.00	550.00	1114.00	4386.00	-	4386.00
1014	赵丹	财务部	出纳	5500.00	440.00	113.00	11.00	-	-	564.00	550.00	1114.00	4386.00	-	4386.00
1015	周群	生产计划部	生产计划员	5500.00	440.00	113.00	11.00	-	-	564.00	550.00	1114.00	4386.00	-	4386.00
1016	孙盛国	生产计划部	车间管理员	5500.00	440.00	113.00	11.00	-	-	564.00	550.00	1114.00	4386.00	-	4386.00
1017	马博	市场营销部	市场专员	4500.00	360.00	93.00	9.00	-	-	462.00	450.00	912.00	3588.00	-	3588.00
1018	刘思羽	市场营销部	销售专员	4500.00	360.00	93.00	9.00	-	-	462.00	450.00	912.00	3588.00	-	3588.00
1019	李良钊	机加车间	初级工人	3600.00	288.00	75.00	7.20	-	-	370.20	360.00	730.20	2869.80	-	2869.80
1020	付玉芳	机加车间	初级工人	3600.00	288.00	75.00	7.20	-	-	370.20	360.00	730.20	2869.80	-	2869.80
1021	张接义	机加车间	初级工人	3600.00	288.00	75.00	7.20	-	-	370.20	360.00	730.20	2869.80	-	2869.80
1022	毕红	机加车间	初级工人	3600.00	288.00	75.00	7.20	-	-	370.20	360.00	730.20	2869.80	-	2869.80
1023	吴淑敏	机加车间	初级工人	3600.00	288.00	75.00	7.20	-	-	370.20	360.00	730.20	2869.80	-	2869.80
1024	毛龙生	机加车间	初级工人	3600.00	288.00	75.00	7.20	-	-	370.20	360.00	730.20	2869.80	-	2869.80
1025	郦志明	机加车间	初级工人	3600.00	288.00	75.00	7.20	-	-	370.20	360.00	730.20	2869.80	-	2869.80
1026	李龙吉	机加车间	初级工人	3600.00	288.00	75.00	7.20	-	-	370.20	360.00	730.20	2869.80	-	2869.80
1027	吴官胜	机加车间	初级工人	3600.00	288.00	75.00	7.20	-	-	370.20	360.00	730.20	2869.80	-	2869.80
1028	雷丹	机加车间	初级工人	3600.00	288.00	75.00	7.20	-	-	370.20	360.00	730.20	2869.80	-	2869.80
1029	刘良生	机加车间	初级工人	3600.00	288.00	75.00	7.20	-	-	370.20	360.00	730.20	2869.80	-	2869.80
1030	余俊美	机加车间	初级工人	3600.00	288.00	75.00	7.20	-	-	370.20	360.00	730.20	2869.80	-	2869.80
1031	徐积福	机加车间	初级工人	3600.00	288.00	75.00	7.20	-	-	370.20	360.00	730.20	2869.80	-	2869.80
1032	潘俊辉	机加车间	初级工人	3600.00	288.00	75.00	7.20	-	-	370.20	360.00	730.20	2869.80	-	2869.80
1033	朱祥松	机加车间	初级工人	3600.00	288.00	75.00	7.20	-	-	370.20	360.00	730.20	2869.80	-	2869.80
1034	刘文钦	机加车间	初级工人	3600.00	288.00	75.00	7.20	-	-	370.20	360.00	730.20	2869.80	-	2869.80
1035	龚文辉	机加车间	初级工人	3600.00	288.00	75.00	7.20	-	-	370.20	360.00	730.20	2869.80	-	2869.80
1036	王小强	机加车间	初级工人	3600.00	288.00	75.00	7.20	-	-	370.20	360.00	730.20	2869.80	-	2869.80
1037	刘胜	机加车间	初级工人	3600.00	288.00	75.00	7.20	-	-	370.20	360.00	730.20	2869.80	-	2869.80
1038	刘贞	机加车间	初级工人	3600.00	288.00	75.00	7.20	-	-	370.20	360.00	730.20	2869.80	-	2869.80
1039	余永俊	组装车间	初级工人	3600.00	288.00	75.00	7.20	-	-	370.20	360.00	730.20	2869.80	-	2869.80
1040	万能	组装车间	初级工人	3600.00	288.00	75.00	7.20	-	-	370.20	360.00	730.20	2869.80	-	2869.80
1041	万俊俊	组装车间	初级工人	3600.00	288.00	75.00	7.20	-	-	370.20	360.00	730.20	2869.80	-	2869.80
1042	张逸君	组装车间	初级工人	3600.00	288.00	75.00	7.20	-	-	370.20	360.00	730.20	2869.80	-	2869.80
1043	言海根	组装车间	初级工人	3600.00	288.00	75.00	7.20	-	-	370.20	360.00	730.20	2869.80	-	2869.80
1044	田勤	组装车间	中级工人	4000.00	320.00	83.00	8.00	-	-	411.00	400.00	811.00	3189.00	-	3189.00
1045	肖鹏	组装车间	中级工人	4000.00	320.00	83.00	8.00	-	-	411.00	400.00	811.00	3189.00	-	3189.00
1046	徐宏	组装车间	中级工人	4000.00	320.00	83.00	8.00	-	-	411.00	400.00	811.00	3189.00	-	3189.00
1047	田军	组装车间	中级工人	4000.00	320.00	83.00	8.00	-	-	411.00	400.00	811.00	3189.00	-	3189.00
1048	郑华珺	组装车间	中级工人	4000.00	320.00	83.00	8.00	-	-	411.00	400.00	811.00	3189.00	-	3189.00
1049	洪梁	组装车间	中级工人	4000.00	320.00	83.00	8.00	-	-	411.00	400.00	811.00	3189.00	-	3189.00
1050	冯奇	组装车间	中级工人	4000.00	320.00	83.00	8.00	-	-	411.00	400.00	811.00	3189.00	-	3189.00
1051	黄聪	组装车间	中级工人	4000.00	320.00	83.00	8.00	-	-	411.00	400.00	811.00	3189.00	-	3189.00
1052	薛萍	组装车间	中级工人	4000.00	320.00	83.00	8.00	-	-	411.00	400.00	811.00	3189.00	-	3189.00
1053	张世平	组装车间	中级工人	4000.00	320.00	83.00	8.00	-	-	411.00	400.00	811.00	3189.00	-	3189.00
1054	李小春	组装车间	中级工人	4000.00	320.00	83.00	8.00	-	-	411.00	400.00	811.00	3189.00	-	3189.00
1055	蔡丽娟	组装车间	中级工人	4000.00	320.00	83.00	8.00	-	-	411.00	400.00	811.00	3189.00	-	3189.00
1056	吴新祥	组装车间	中级工人	4000.00	320.00	83.00	8.00	-	-	411.00	400.00	811.00	3189.00	-	3189.00
1057	胡首科	组装车间	中级工人	4000.00	320.00	83.00	8.00	-	-	411.00	400.00	811.00	3189.00	-	3189.00
1058	邹建榕	组装车间	中级工人	4000.00	320.00	83.00	8.00	-	-	411.00	400.00	811.00	3189.00	-	3189.00
	合计			265500.00	21240.00	5484.00	531.00	0.00	0.00	27255.00	26550.00	53805.00	211695.00	634.06	211060.94

图 3-31　工资表样本

中国工商银行 业务回单（付款）

入账日期：	2020/01/05	回单编号：	1028376378
付款人户名：	好佳童车制造有限公司		
付款人账号：	0100229999333823		
付款人开户行/发报行：	中国工商银行北京分行		
收款人户名：	好佳童车制造有限公司-代发户		
收款人账号：	0100229999666823		
收款人开户行	中国工商银行北京分行	金额（小写）：	¥211060.94
币种：	人民币		
金额（大写）：	贰拾壹万壹仟零陆拾元玖角肆分		
凭证种类：		凭证号码：	
业务（产品）种类：	代发工资	摘要：	代发工资
附言：			
支付交易序号：	10247901	报文种类：	00100 汇兑报文
委托日期：	2020/01/05	业务种类：	转账
收款人地址：			
付款人地址：			
打印次数：	1 次 机打回单注意重复	打印日期：2020/01/05	打印柜员：22347

（中国工商银行股份有限公司北京分行 2020.01.05 核算用章（04） 李谷芙）

图 3-32 银行业务回单样本

记账凭证

新道 seentao 教学专用

2020 年 01 月 25 日　总字第　号　第　号

摘要	对方科目		√	借方金额								贷方金额								附件
	总账科目	明细帐科目		千	百	十	万	千	百	十	元	角	分	千	百	十	万	千	百	十	元	角	分	
发放上月工资	应付职工薪酬	工资				2	6	5	5	0	0	0	0											
	应交税费	应交个人所得税																	6	3	4	0	6	
	其他应付款	五险一金（个人）																5	3	8	0	5	0	0	
	银行存款	工行存款															2	1	1	0	6	0	9	4	2张
合　　计				¥		2	6	5	5	0	0	0	0	¥		2	6	5	5	0	0	0	0	

会计主管　　　记账　　　出纳　　　审核　　　制证

图 3-33 记账凭证样本

实训任务 3.7　扣缴五险一金业务

3.7.1　实训目标

（1）熟悉扣缴五险一金业务流程。
（2）掌握扣缴五险一金业务账务处理。

3.7.2　实训内容

扣缴五险一金业务流程。

3.7.3　实训工具

VBSE 实训系统软件、多媒体教室。

3.7.4　实训步骤

五险一金是指养老保险、失业保险、工伤保险、生育保险、医疗保险和住房公积金。在签署扣款协议后，企业五险一金的缴纳可以从银行账户自动划拨到社保中心和住房公积金中心。

银行柜员进行社保和住房公积金的代扣工作，出纳领取扣款回单，交由财务部完成账务处理。五险一金缴款业务流程如表 3-5 所示。

表 3-5　五险一金缴款业务流程

序号	操作步骤	角色	操作内容
1	领取五险一金扣款回单	出纳	到银行取五险一金银行扣款回单
2	代扣社会保险、公积金、打印五险一金扣款回单	银行柜员	1. 为企业代理扣缴社会保险； 2. 为企业代理扣缴公积金； 3. 接到客户打印请求，查询相关交易记录； 4. 确认交易记录存在，即可为客户打印回单； 5. 打印后将回单交与客户
3	编制记账凭证	财务会计	1. 依据银行回单填制记账凭证，将银行扣款凭证和五险一金扣款通知粘贴在记账凭证后作为附件； 2. 将记账凭证传递给财务经理审核
4	审核记账凭证	财务部经理	1. 接收财务会计送来的记账凭证； 2. 审核记账凭证； 3. 审核无误，在记账凭证上签字或盖章，并将记账凭证交给出纳登记日记账
5	登记银行日记账	出纳	1. 接收财务部经理交给的审核后的记账凭证； 2. 根据记账凭证登记银行存款日记账； 3. 记账后在记账凭证上签字或盖章； 4. 将记账凭证交财务会计登记科目明细账

续表

序号	操作步骤	角色	操作内容
6	登记科目明细账	财务会计	1. 接收出纳交给的记账凭证； 2. 根据记账凭证登记科目明细账，并在记账凭证上签字或盖章
7	登记总账	财务部经理	1. 接收财务会计交给的记账凭证； 2. 根据记账凭证登记科目总账，并在记账凭证上签字或盖章

（1）出纳领取五险一金扣款回单。
（2）银行柜员代扣社会保险、代扣公积金，并打印五险一金扣款回单。
（3）财务会计编制记账凭证。
（4）财务部经理审核记账凭证。记账凭证样本如图 3-34 所示（样本中的相关信息，可依据各自企业实际业务填写，样本数据仅供填写单据格式参考）。

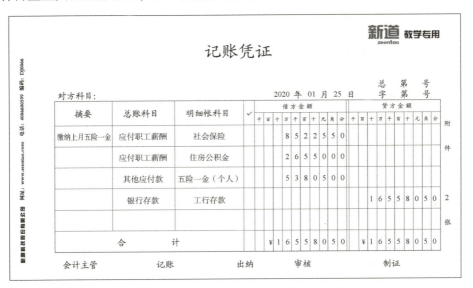

图 3-34　记账凭证样本

（5）出纳登记银行存款日记账。
（6）财务会计登记科目明细账。
（7）财务部经理登记总账。

3.7.5　实训思考

五险一金具体涵盖哪些？

企业年金方案

实训任务 3.8　企业薪酬核算业务

3.8.1　实训目标

(1) 熟悉制造企业薪酬核算业务流程。
(2) 掌握制造企业薪酬核算业务账务处理。

3.8.2　实训内容

完成制造企业薪酬核算业务流程。

3.8.3　实训工具

VBSE 实训系统软件、多媒体教室。

3.8.4　实训步骤

每个月末，财务人员都要对员工薪酬进行核算，将应付工资以及企业应缴纳的五险一金计入相关的成本费用。

对于制造企业而言，薪酬核算业务可借助薪酬核算软件实现，提升薪酬核算工作效率；也可以将业务外包，由代理记账公司进行业务操作。企业规模较小的情况下，人力资源助理可借助 Excel 表格进行薪酬核算。

(1) 人力资源助理收集薪酬数据。
(2) 人力资源部经理审核。
(3) 总经理审核。
(4) 财务会计填制记账凭证。
(5) 财务部经理审核记账凭证。
(6) 财务会计登记科目明细账。
(7) 财务部经理登记总账。

3.8.5　实训思考

人力资源助理在收集薪酬数据时，需要做哪些具体的工作？

实训任务 3.9　申报缴纳个税业务

3.9.1　实训目标

（1）熟悉制造企业申报缴纳个税业务流程。
（2）掌握制造企业申报缴纳个税业务账务处理。

3.9.2　实训内容

完成制造企业申报缴纳个税业务流程。

3.9.3　实训工具

VBSE 实训系统软件、多媒体教室。

个人所得税
新标准

3.9.4　实训步骤

（1）申报个人所得税。
①人力资源助理整理汇总工资表、员工信息。
②财务会计审核工资表、员工信息。
③财务部经理审核工资表、员工信息。
④财务会计提交个人所得税信息。

财务会计在申报个人所得税任务中，点击"业务操作"，进入网上申报个人所得税页面，在页面下方点击下载个人所得税基础信息模板。根据员工信息填写个人所得税基础信息模板，填好信息后，点击"导入"按钮。导入系统后，点击"提交税务局"按钮。出现提交个人信息成功后，点击"完成"按钮。

⑤税务专管员审核企业个人所得税申报。
⑥财务会计网上申报个人所得税。

（2）缴纳个人所得税。出纳取得个人所得税扣款通知后，将取回的税收缴款书按照企业财务流程在财务部依次办理。

①出纳查询网银扣款情况。出纳点击"业务操作"查询银行转账流水信息，查看个人所得税扣款是否成功，如果扣款已经成功，点击下方的"打印"按钮打印税收缴款证明。
②银行柜员打印缴税凭证。
③出纳到银行取回缴税证明并交给财务会计。缴税凭证样本如图 3-35 所示（样本中的相关信息，可依据各自企业实际业务填写，样本数据仅供填写单据格式参考）。
④财务会计填制记账凭证。
⑤财务会计将扣款通知和税收缴款书作为原始凭证，填制记账凭证，如下所示：

借：应交税费——应交个人所得税　　　　　　　　　　　　634.06
　　贷：银行存款　　　　　　　　　　　　　　　　　　　　634.06

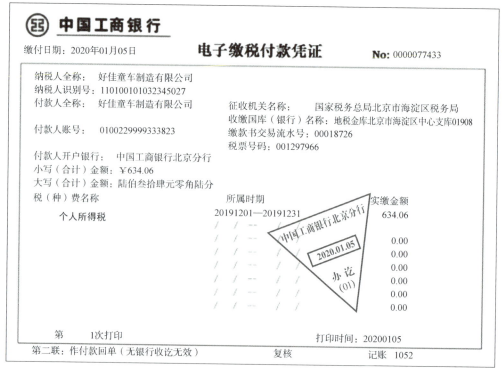

图 3-35 缴税凭证样本

(3) 财务部经理审核记账凭证。
(4) 出纳登记银行存款日记账。
(5) 财务会计登记科目明细账。
(6) 财务部经理登记总账。

3.9.5 实训思考

新个人所得税法对个人税负有怎样的影响?

实训任务 3.10　计提折旧业务

3.10.1　实训目标

（1）熟悉计提折旧业务流程。
（2）掌握计提折旧业务账务处理。

3.10.2　实训内容

完成计提折旧业务流程。

3.10.3　实训工具

VBSE 实训系统软件、多媒体教室。

3.10.4　实训步骤

（1）财务会计填写固定资产折旧表。固定资产折旧计算表样本如表 3-6 所示（样本中的相关信息，可依据各自企业实际业务填写数据，样本数据仅供填写单据格式参考）。同时编制企业管理部门折旧记账凭证，如下所示：

借：管理费用——折旧费　　　　　　　　　　　　　70700.00
　　销售费用——折旧费　　　　　　　　　　　　　　325.00
　　贷：累计折旧　　　　　　　　　　　　　　　　71025.00

（2）成本会计接收财务会计提供的生产部门固定折旧表，填写生产部门折旧记账凭证，如下所示：

借：生产成本——经济车架　　　　　　　　　　　　17500.00
　　生产成本——经济童车　　　　　　　　　　　　　4250.00
　　制造费用——折旧　　　　　　　　　　　　　　28825.00
　　贷：累计折旧　　　　　　　　　　　　　　　　50575.00

（3）财务部经理审核记账凭证。
（4）成本会计登记科目明细账。
（5）财务会计登记科目明细账。

3.10.5　实训思考

固定资产的折旧方法有哪些？

表3-6 2020年1月固定资产折旧计算表

资产编号	资产名称	使用部门	使用状态	使用年限（月）	开始使用日期	已计提月份	资产原值	残值	累计折旧	月折旧额	资产净值	折旧科目
100001	办公大楼	企业管理部	在用	240	2018.09.15	15	12000000.00	600000.00	712500.00	47500.00	11287500.00	管理费用
100002	普通仓库	仓储部	在用	240	2018.09.15	15	5400000.00	270000.00	320625.00	21375.00	5079375.00	管理费用
100003	大厂房	生产计划部	在用	240	2018.09.15	15	7200000.00	360000.00	427500.00	28500.00	6772500.00	制造费用
200001	普通机床（机加生产线）	生产计划部	在用	120	2018.09.15	15	210000.00	—	26250.00	1750.00	183750.00	制造费用—机加
200002	普通机床（机加生产线）	生产计划部	在用	120	2018.09.15	15	210000.00	—	26250.00	1750.00	183750.00	制造费用—机加
200003	普通机床（机加生产线）	生产计划部	在用	120	2018.09.15	15	210000.00	—	26250.00	1750.00	183750.00	制造费用—机加
200004	普通机床（机加生产线）	生产计划部	在用	120	2018.09.15	15	210000.00	—	26250.00	1750.00	183750.00	制造费用—机加
200005	普通机床（机加生产线）	生产计划部	在用	120	2018.09.15	15	210000.00	—	26250.00	1750.00	183750.00	制造费用—机加
200006	普通机床（机加生产线）	生产计划部	在用	120	2018.09.15	15	210000.00	—	26250.00	1750.00	183750.00	制造费用—机加
200007	普通机床（机加生产线）	生产计划部	在用	120	2018.09.15	15	210000.00	—	26250.00	1750.00	183750.00	制造费用—机加
200008	普通机床（机加生产线）	生产计划部	在用	120	2018.09.15	15	210000.00	—	26250.00	1750.00	183750.00	制造费用—机加
200009	普通机床（机加生产线）	生产计划部	在用	120	2018.09.15	15	210000.00	—	26250.00	1750.00	183750.00	制造费用—机加
200010	普通机床（机加生产线）	生产计划部	在用	120	2018.09.15	15	210000.00	—	26250.00	1750.00	183750.00	制造费用—机加

续表

资产编号	资产名称	使用部门	使用状态	使用年限（月）	开始使用日期	已计提月份	资产原值	残值	累计折旧	月折旧额	资产净值	折旧科目
200011	组装生产线	生产计划部	在用	120	2018.09.15	15	510000.00	—	63750.00	4250.00	446250.00	制造费用—组装
300001	笔记本电脑	企业管理部	在用	48	2018.09.15	15	6000.00	—	1875.00	125	4125.00	管理费用
300002	笔记本电脑	人力资源部	在用	48	2018.09.15	15	6000.00	—	1875.00	125	4125.00	管理费用
300003	笔记本电脑	财务部	在用	48	2018.09.15	15	6000.00	—	1875.00	125	4125.00	管理费用
300004	笔记本电脑	采购部	在用	48	2018.09.15	15	6000.00	—	1875.00	125	4125.00	管理费用
300005	笔记本电脑	营销部	在用	48	2018.09.15	15	6000.00	—	1875.00	125	4125.00	销售费用
300006	笔记本电脑	仓储部	在用	48	2018.09.15	15	6000.00	—	1875.00	125	4125.00	管理费用
300007	笔记本电脑	生产计划部	在用	48	2018.09.15	15	6000.00	—	1875.00	125	4125.00	制造费用
300008	台式电脑	财务部	在用	48	2018.09.15	15	4800.00	—	1500.00	100	3300.00	管理费用
300009	台式电脑	财务部	在用	48	2018.09.15	15	4800.00	—	1500.00	100	3300.00	管理费用
300010	台式电脑	企业管理部	在用	48	2018.09.15	15	4800.00	—	1500.00	100	3300.00	管理费用
300011	台式电脑	人力资源部	在用	48	2018.09.15	15	4800.00	—	1500.00	100	3300.00	管理费用
300012	台式电脑	财务部	在用	48	2018.09.15	15	4800.00	—	1500.00	100	3300.00	管理费用
300013	台式电脑	采购部	在用	48	2018.09.15	15	4800.00	—	1500.00	100	3300.00	管理费用
300014	台式电脑	营销部	在用	48	2018.09.15	15	4800.00	—	1500.00	100	3300.00	销售费用
300015	台式电脑	营销部	在用	48	2018.09.15	15	4800.00	—	1500.00	100	3300.00	销售费用
300016	台式电脑	仓储部	在用	48	2018.09.15	15	4800.00	—	1500.00	100	3300.00	管理费用
300017	台式电脑	生产计划部	在用	48	2018.09.15	15	4800.00	—	1500.00	100	3300.00	制造费用
300018	台式电脑	生产计划部	在用	48	2018.09.15	15	4800.00	—	1500.00	100	3300.00	制造费用
300019	打印复印一体机	企业管理部	在用	48	2018.09.15	15	24000.00	—	7500.00	500	16500.00	管理费用
合计	—	—	—	—	—	—	27328800.00	1230000.00	1824000.00	121600.00	25504800.00	—

实训任务 3.11　申报增值税业务

3.11.1　实训目标

（1）熟悉申报增值税业务流程。
（2）掌握申报增值税业务账务处理。

3.11.2　实训内容

完成申报增值税业务流程。

3.11.3　实训工具

VBSE 实训系统软件、多媒体教室。

3.11.4　实训步骤

（1）申报增值税。财务部经理填写增值税纳税申报表，并进行网上申报。在系统待办任务中找到“申报企业增值税”，点击“业务操作”按钮，进入“增值税网上报销快捷登录”，点击左侧“新建报表”按钮，填写增值税纳税申报表附列资料（一）（样本如图 3-36 所示）和增值税纳税申报表附列资料（二）（样本如图 3-37 所示）。增值税纳税申报表样本如图 3-38 所示（样本中的相关信息，可依据各自企业实际业务填写，样本数据仅供填写单据格式参考）。

增值税纳税申报表附列资料（一）
（本期销售情况明细）
税款所属时间：2019年12月01日至2019年12月31日

纳税人名称：（公章）　　　　金额单位：元至角分

项目及栏次				开具增值税专用发票		开具其他发票		未开具发票		纳税检查调整		合计			服务、不动产和无形资产扣除项目本期实际扣除金额	扣除后	
				销售额	销项(应纳)税额	销售额	销项(应纳)税额	销售额	销项(应纳)税额	销售额	销项(应纳)税额	销售额	销项(应纳)税额	价税合计		含税(免税)销售额	销项(应纳)税额
				1	2	3	4	5	6	7	8	9=1+3+5+7	10=2+4+6+8	11=9+10	12	13=11-12	14=13÷(100%+税率或征收率)×税率或征收率
一、一般计税方法计税	全部征税项目	13%税率的货物及加工修理修配劳务	1	3783185.84	491814.16							3783185.84	491814.16	——	——	——	——
		13%税率的服务、不动产和无形资产	2														
		9%税率的货物及加工修理修配劳务	3											——	——	——	——
		9%税率的服务、不动产和无形资产	4														
		6%税率	5														
	其中：即征即退项目	即征即退货物及加工修理修配劳务	6	——	——	——	——	——	——	——	——			——	——	——	——
		即征即退服务、不动产和无形资产	7	——	——	——	——	——	——	——	——						
二、简易计税方法计税	全部征税项目	6%征收率	8							——	——			——	——	——	——
		5%征收率的货物及加工修理修配劳务	9a							——	——			——	——	——	——
		5%征收率的服务、不动产和无形资产	9b							——	——						
		4%征收率	10							——	——			——	——	——	——
		3%征收率的货物及加工修理修配劳务	11							——	——			——	——	——	——
		3%征收率的服务、不动产和无形资产	12							——	——						
		预征率　%	13a							——	——						
		预征率　%	13b							——	——						
		预征率　%	13c							——	——						
	其中：即征即退项目	即征即退货物及加工修理修配劳务	14	——	——	——	——	——	——	——	——			——	——	——	——
		即征即退服务、不动产和无形资产	15	——	——	——	——	——	——	——	——						
三、免抵退税		货物及加工修理修配劳务	16	——	——		——		——	——	——		——	——	——	——	——
		服务、不动产和无形资产	17	——	——		——		——	——	——		——				——
四、免税		货物及加工修理修配劳务	18				——		——	——	——		——	——	——	——	——
		服务、不动产和无形资产	19	——	——		——		——	——	——		——				——

图 3-36　增值税纳税申报表附列资料（一）样本

增值税纳税申报表附列资料（二）
（本期进项税额明细）

税款所属时间：2019年12月01日至2019年12月31日

纳税人名称：（公章）　　　　　　　　　　　　　　　　　　　　　　　金额单位：元至角分

一、申报抵扣的进项税额				
项目	栏次	份数	金额	税额
（一）认证相符的增值税专用发票	1=2+3	1	2471681.42	321318.58
其中：本期认证相符且本期申报抵扣	2	1	2471681.42	321318.58
前期认证相符且本期申报抵扣	3			
（二）其他扣税凭证	4=5+6+7+8			
其中：海关进口增值税专用缴款书	5			
农产品收购发票或者销售发票	6			
代扣代缴税收缴款凭证	7			
其他	8			
（三）本期用于购建不动产的扣税凭证	9			
（四）本期不动产允许抵扣进项税额	10	——	——	0
（五）外贸企业进项税额抵扣证明	11	——	——	0
当期申报抵扣进项税额合计	12=1+4-9+10+11		2471681.42	321318.58
二、进项税额转出额				
项目	栏次		税额	
本期进项税额转出额	13=14至23之和			
其中：免税项目用	14			
集体福利、个人消费	15			
非正常损失	16			
简易计税方法征税项目用	17			
免抵退税办法不得抵扣的进项税额	18			
纳税检查调减进项税额	19			
红字专用发票信息表注明的进项税额	20			
上期留抵税额抵减欠税	21			
上期留抵税额退税	22			
其他应作进项税额转出的情形	23			
三、待抵扣进项税额				
项目	栏次	份数	金额	税额
（一）认证相符的增值税专用发票	24	——	——	——
期初已认证相符但未申报抵扣	25			
本期认证相符且本期未申报抵扣	26			
期末已认证相符但未申报抵扣	27			
其中：按照税法规定不允许抵扣	28			
（二）其他扣税凭证	29=30至33之和			
其中：海关进口增值税专用缴款书	30			
农产品收购发票或者销售发票	31			
代扣代缴税收缴款凭证	32		——	
其他	33			
	34			
四、其他				
项目	栏次	份数	金额	税额
本期认证相符的增值税专用发票	35			
代扣代缴税额	36		——	——

图 3-37　增值税纳税申报表附列资料（二）样本

附件1

增值税纳税申报表

(一般纳税人适用)

根据国家税收法律法规及增值税相关规定制定本表。纳税人不论有无销售额，均应按税务机关核定的纳税期限填写本表，并向当地税务机关申报。

税款所属时间：自2019年12月01日至2019年12月31日　　　填表日期：2020年01月05日　　　金额单位：元至角分

纳税人识别号	1 1 0 1 0 0 1 0 1 0 3 2 3 4 5			所属行业：生产制造业	
纳税人名称	好住童车制造有限公司（公章）	法定代表人姓名	梁天	注册地址	生产经营地址 北京市海淀区北清路6号
开户银行及账号	中国工商银行北京支行 0100229999333823	登记注册类型		有限公司	电话号码 010-62437783

项目		栏次	一般项目		即征即退项目	
			本月数	本年累计	本月数	本年累计
销售额	（一）按适用税率计税销售额	1				
	其中：应税货物销售额	2	3783485.84			
	应税劳务销售额	3				
	纳税检查调整的销售额	4				
	（二）按简易办法计税销售额	5				
	其中：纳税检查调整的销售额	6				
	（三）免、抵、退办法出口销售额	7		—	—	—
	（四）免税销售额	8			—	—
	其中：免税货物销售额	9			—	—
	免税劳务销售额	10			—	—
税款计算	销项税额	11	491814.16			
	进项税额	12	321318.58			
	上期留抵税额	13	0			
	进项税额转出	14				
	免、抵、退应退税额	15			—	—
	按适用税率计算的纳税检查应补缴税额	16				
	应抵扣税额合计	17=12+13-14-15+16	321318.58			
	实际抵扣税额	18（如17＜11，则为17，否则为11）	321318.58			
	应纳税额	19=11-18	170495.58			
	期末留抵税额	20=17-18	0.00			
	简易计税办法计算的应纳税额	21				
	按简易计税办法计算的纳税检查应补缴税额	22			—	—
	应纳税额减征额	23				
	应纳税额合计	24=19+21-23	170495.58			
税款缴纳	期初未缴税额（多缴为负数）	25				
	实收出口开具专用缴款书退税额	26			—	—
	本期已缴税额	27=28+29+30+31				
	①分次预缴税额	28			—	—
	②出口开具专用缴款书预缴税额	29			—	—
	③本期缴纳上期应纳税额	30				
	④本期缴纳欠缴税额	31				
	期末未缴税额（多缴为负数）	32=24+25+26-27	170495.58			
	其中：欠缴税额（≥0）	33=25+26-27	0			
	本期应补(退)税额	34=24-28-29	170495.58			
	即征即退实际退税额	35	—	—		
	期初未缴查补税额	36				
	本期入库查补税额	37				
	期末未缴查补税额	38=16+22+36-37	0			

授权声明	如果你已委托代理人申报，请填写下列资料： 为代理一切税务事宜，现授权（地址）　　　　为本纳税人的代理申报人，任何与本申报表有关的往来文件，都可寄予此人。 授权人签字：钱坤	申报人声明	本纳税申报表是根据国家税收法律法规及相关规定填报的，我确定它是真实的、可靠的、完整的。 声明人签字：梁天

图 3-38　增值税纳税申报表样本

填写完成后,点击表格右上角"保存"按钮进行保存,再点击"上传"按钮即可。

(2) 税务专管员审核企业增值税申报。税务专管员选择企业推送来的企业增值税申报任务,点击"业务操作中",对企业提交的数据进行审核,确认无误,点击"审核"按钮,成功完成此项业务。

3.11.5 实训思考

增值税的申报需要在什么时候完成?

实训任务 3.12　采购付款业务

3.12.1　实训目标

（1）熟悉经销商采购付款业务流程。
（2）掌握经销商采购付款业务账务处理。

3.12.2　实训内容

完成经销商采购付款业务流程。

3.12.3　实训工具

VBSE 实训系统软件、多媒体教室。

3.12.4　实训步骤

连锁企业向制造企业采购童车与制造企业向工贸企业采购原材料类似，不同的是连锁企业是仓储中心集中采购配送。

（1）连锁企业仓储中心依据采购计划表填写补货申请单。仓储中心采购计划表样本如图 3-39 所示（样本中的相关信息，可依据各自企业实际业务填写，样本数据仅供填写单据格式参考），补货申请单样本如图 3-40 所示（样本中的相关信息，可依据各自企业实际业务填写，样本数据仅供填写单据格式参考）。

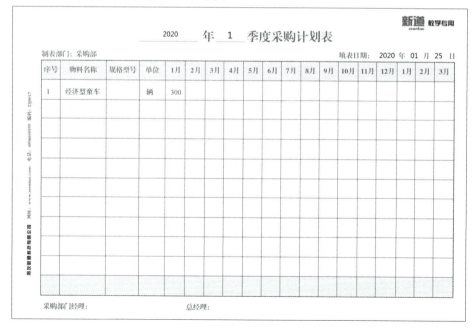

图 3-39　采购计划表样本

图 3-40 补货申请单样本

（2）连锁企业总部编制采购计划。

（3）连锁企业与制造企业签订购销合同。购销合同样本如图 3-41 所示（样本中的相关信息，可依据各自企业实际业务填写，样本数据仅供填写单据格式参考）。

图 3-41 购销合同样本

(4) 连锁企业录入采购订单。采购订单样本如图 3-42 所示（样本中的相关信息，可依据各自企业实际业务填写，样本数据仅供填写单据格式参考）。

图 3-42 采购订单样本

(5) 制造企业确认连锁企业的采购订单。

制造企业销售专员在系统中确认，订单一旦确认后将不可修改。制造企业销售专员填制发货单，制造企业发货给连锁企业。发货单样本如图 3-43 所示（样本中的相关信息，可依据各自企业实际业务填写，样本数据仅供填写单据格式参考）。

图 3-43 发货单样本

(6) 制造企业营销部经理审核发货单。
(7) 制造企业财务部经理审核发货单。
(8) 制造企业仓管员填制销售出库单。
(9) 制造企业仓储部经理审核销售出库单。
(10) 制造企业仓储部经理登记库存台账。
(11) 制造企业仓储部经理在系统中处理销售发货业务。
(12) 制造企业销售专员将发货单交给客户。
(13) 物流公司业务经理办理物流运输。
(14) 制造企业出纳开具增值税专用发票。
(15) 制造企业财务会计填制记账凭证。记账凭证样本如图3-44所示（样本中的相关信息，可依据各自企业实际业务填写，样本数据仅供填写单据格式参考）。

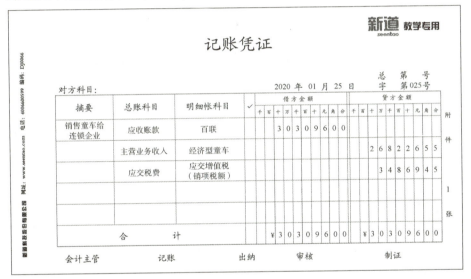

图3-44 记账凭证样本

(16) 制造企业财务经理审核记账凭证。
(17) 制造企业成本会计登记数量金额明细账。数量金额明细账样本如图3-45所示。
(18) 制造企业财务会计登记明细账。
(19) 制造企业财务部经理登记总账。
(20) 连锁企业采购入库，并向制造企业支付货款。货物到达连锁企业后，连锁企业仓储经理填写采购入库单，并在系统中办理入库。
①连锁企业仓储经理依据采购订单填写采购入库单。
②连锁企业总经理审核采购入库单。
③连锁企业仓储经理在系统中办理入库，并登记库存台账。

采购发票随同货物一起到达连锁企业，连锁企业按付款流程填写付款申请单，在系统中进行企业间的转账操作。采购发票样本如图3-46所示（样本中的相关信息，可依据各自企业实际业务填写，样本数据仅供填写单据格式参考）。

（21）制造企业收回货款。制造企业收到货款后，填写记账凭证，登记日记账、明细账和总账。

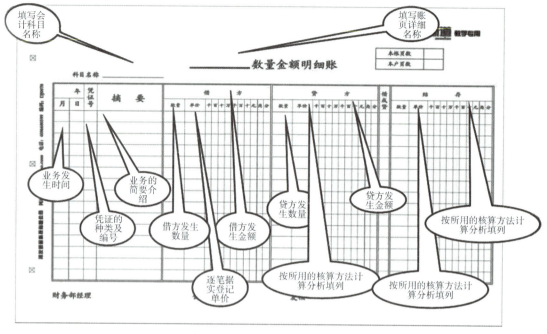

图 3-45　数量金额明细账样本

图 3-46　采购发票样本

3.12.5　实训思考

仓储中心的补货量是如何确定的？

实训任务 3.13　经销商销售收款业务

3.13.1　实训目标

（1）熟悉经销商销售收款业务流程。
（2）掌握经销商销售收款业务账务处理。

3.13.2　实训内容

完成经销商销售收款业务流程。

3.13.3　实训工具

VBSE 实训系统软件、多媒体教室。

3.13.4　实训步骤

（1）经销商申请和办理市场开拓。

①经销商营销经理根据公司策略和市场预测，选择要开拓的市场及投放金额，填写市场开拓申请表。市场开拓申请样本如图 3-47 所示（样本中的相关信息，可依据各自企业实际业务填写，样本数据仅供填写单据格式参考）。

市场开拓申请	新道 教学专用 seentao
编号： 2020010001	日期： 2020-01-05
申请单位： 恒润商贸有限公司	委托单位： 融通综合服务有限公司
开拓区域： ☑北部 □南部 □西部 □东部 □中部	
开拓金额： 叁拾叁万玖仟元整	¥：339000.00
经办人： 范易龙	日期： 2020-01-05
财务经理意见： 武妍伊	日期： 2020-01-05
总经理意见： 关雅寒	日期： 2020-01-05
备注：	签章（公章）：

图 3-47　市场开拓申请样本

②经销商总经理审批市场开拓申请。
③经销商行政经理在市场开拓申请上盖章。
④经销商营销经理到服务公司开拓市场。

⑤服务公司业务员办理开拓市场。
⑥经销商营销经理确认市场开拓结果。

（2）经销商收到市场开拓费发票。

①服务公司业务员开具市场开拓费发票。

②经销商营销经理收取市场开拓费发票。市场开拓费发票样本如图3-48所示（样本中的相关信息，可依据各自企业实际业务填写，样本数据仅供填写单据格式参考）。

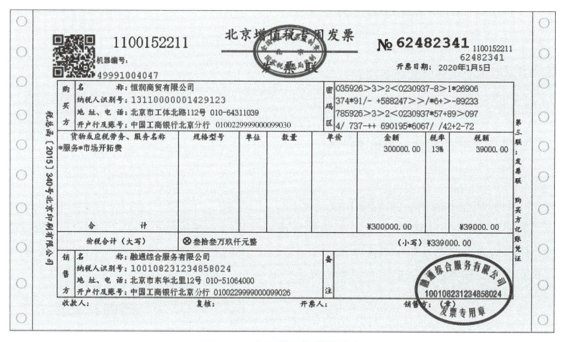

图3-48　市场开拓费发票样本

③经销商出纳收到市场开拓费发票，编写记账凭证。记账凭证样本如图3-49所示（样本中的相关信息，可依据各自企业实际业务填写，样本数据仅供填写单据格式参考）。

④经销商财务经理审核记账凭证，登记明细账、总账。

（3）经销商支付市场开拓费。

①经销商营销经理填写付款申请单。付款申请单样本如图3-50所示（样本中的相关信息，可依据各自企业实际业务填写，样本数据仅供填写单据格式参考）。

②经销商财务经理审核付款申请单。

③经销商总经理审核付款申请单。

④经销商出纳开具转账支票。

⑤经销商财务经理审核支票，并将支票送至服务公司。

⑥经销商出纳填制记账凭证。

⑦经销商财务经理审核记账凭证。

⑧经销商出纳登记日记账。

⑨经销商财务经理登记明细账、总账。

记账凭证

2020 年 01 月 05 日 总第 号 字 第006号

摘要	总账科目	明细帐科目	✓	借方金额	贷方金额
收到市场开拓发票	管理费用			3 0 0 0 0 0 0 0	
	应交税费	应交增值税（进项税额）		3 9 0 0 0 0 0	
	应付账款				3 3 9 0 0 0 0 0
合　　计				¥ 3 3 9 0 0 0 0 0	¥ 3 3 9 0 0 0 0 0

对方科目：
会计主管　　记账　　出纳　　审核　　制证
附件 1 张

图 3-49　记账凭证样本

付款申请单

申请部门：		日期：2020-01-05	
发票编号：			
收款单位：	融通综合服务有限公司		
单位地址：		付款方式	☒转账
开户行：	中国工商银行北京分行		☐支票
账号：	0100229999000099026	已收发票	
用途：	支付市场开拓费用	☐是	☐否
金额(大写)：	叁拾叁万玖仟元整	¥ 339000	
经办人签字：	范易龙	日期：2020-01-05	
财务主管意见：	武妍伊	日期：2020-01-05	
总经理意见：	关雅寒	日期：2020-01-05	
备注：			

图 3-50　付款申请单样本

⑩服务公司业务员收到转账支票并到银行办理业务。

⑪银行柜员办理转账业务。

（4）经销商申请和办理广告投放。

①经销商营销经理编制广告投放申请。广告投放申请样本如图 3-51 所示（样本中的相关信息，可依据各自企业实际业务填写，样本数据仅供填写单据格式参考）。

②经销商总经理审批广告投放申请表。

③经销商行政经理在广告投放申请表上盖章。

④经销商营销经理到服务公司办理广告投放业务。

广告投放申请					
编号：2020010001			日期：20200105		
申请单位：恒润商贸有限公司			委托单位：融通综合服务有限公司		
投放区域：	☑ 北部	☐ 南部	☐ 西部	☐ 东部	☐ 中部
投放金额：	壹拾伍万玖仟元整		￥：159000.00		
经办人：	范易龙		日期：	2020-01-05	
财务经理意见：	武妍伊		日期：	2020-01-05	
总经理意见：	关雅寒		日期：	2020-01-05	
备注：			签章（公章）：		

注：投放广告费时，需要先开拓对应的市场，否则广告费无法投放。

图 3-51　广告投放申请样本

⑤服务公司业务员办理广告投放业务。
⑥经销商营销经理确认投放结果。
（5）经销商收到广告费发票。
①服务公司业务员开具广告投放费发票。
②经销商营销经理收取发票。
③经销商出纳填制记账凭证。
④销商财务经理登记明细账、总账。
（6）经销商支付广告费。
①经销商营销经理填写付款申请单。
②经销商财务经理审核付款申请单。
③经销商总经理审核付款申请单。
④经销商出纳开具转账支票。
⑤经销商财务经理审核支票。
⑥经销商营销经理将支票送至服务公司。
⑦经销商出纳填制记账凭证。
⑧经销商财务经理审核记账凭证。
⑨经销商出纳登记日记账。
⑩经销商财务经理登记科目明细账、总账。
⑪服务公司业务员收到转账支票，并到银行办理。
⑫银行柜员办理转账业务。
（7）经销商查看虚拟销售订单。该任务比较简单，一步完成，在系统中进行操作，查看虚拟市场销售订单。

（8）服务公司主持经销商选单。服务公司总经理需要在系统中为经销商办理选单，操作时先选择公司再选择订单。

（9）经销商查看订单结果。在系统中进行操作，查看销售订单情况。

（10）经销商给虚拟经销商发货。

①经销商营销经理填写发货单。

②经销商财务经理确认发货单。

③经销商仓储经理确认发货单。

（11）经销商给虚拟经销商办理出库并开具发票。

①经销商仓储经理填制出库单并办理出库，登记库存台账。

②经销商营销经理更新销售发货明细表，并提交增值税专用发票申请。

③经销商财务经理审核增值税专用发票申请。

④经销商总经理审核增值税专用发票申请。

⑤经销商出纳开具增值税专用发票，登记发票领用表。增值税专用发票样本如图3-52所示（样本中的相关信息，可依据各自企业实际业务填写，样本数据仅供填写单据格式参考）。

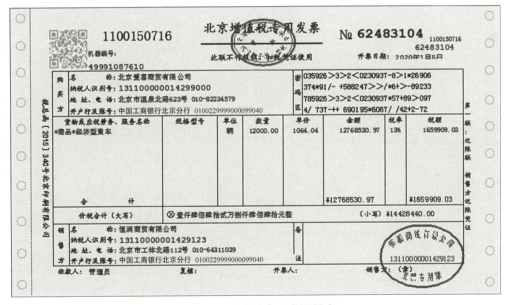

图3-52　增值税专用发票样本

⑥经销商营销经理将发票送至客户。

⑦经销商出纳填制记账凭证。

⑧经销商财务经理审核记账凭证，登记科目明细账、总账。

（12）经销商收到虚拟经销商货款。

①经销商营销经理办理销售收款，并通知出纳查询银行存款。

②经销商出纳到银行取得收款结算凭证。

③银行柜员查询并打印业务回单。

④经销商出纳编制记账凭证。

⑤经销商财务经理审核记账凭证。
⑥经销商出纳登记日记账。
⑦经销商财务经理登记科目明细账、总账。

3.13.5 实训思考

经销商如何申请和办理市场开拓？

项目 3　固定数据

实训任务 3.14　百联集团基本业务流程处理

3.14.1　实训目标

熟悉百联集团基本业务流程处理。

3.14.2　实训内容

百联集团基本业务流程处理。

3.14.3　实训工具

VBSE 实训系统软件、多媒体教室。

3.14.4　实训步骤

（1）门店借备用金，如表 3-7 所示。

为方便门店收银找零，店长需借一定金额的备用金，在 VBSE 实训中店长备用金金额均为 500 元，借款单样本如图 3-53 所示（样本中的相关信息，可依据各自企业实际业务填写，样本数据仅供填写单据格式参考）。

表 3-7　门店借备用金

序号	操作步骤	角色	操作内容
1	填写借款单	东区（西区）店长	1. 去仓储经理处领取借款单； 2. 填写借款单，借款 500 元作为找零备用金
2	审核借款单	仓储经理	1. 审核借款单填写的准确性； 2. 审核借款业务的真实性； 3. 审核无误，签字
3	支付现金	总经理	1. 接收店长交给的已审核过的借款单； 2. 支付现金 500 元给借款人

图 3-53　借款单样本

(2) 门店销售收款，如表 3-8 所示。

表 3-8　门店销售收款

序号	操作步骤	角色	操作内容
1	选中零售订单	东区（西区）店长	选中零售订单
2	零售门店出库	东区（西区）店长	处理零售货物出库
3	零售收款	东区（西区）店长	店长核对钱数，完成收款
4	开小票	东区（西区）店长	1. 店长开小票，一式三联； 2. 在每一联盖上现金收讫章； 3. 认真核对商品名称、型号、数量和金额，然后交给顾客； 4. 店长留一联，其他两联一联给财务，一联给顾客
5	开发票	总经理	依据小票开销售发票，认真核对顾客姓名、商品名称、型号、数量和金额
6	把货物交给顾客	东区（西区）店长	把货物交给顾客
7	登记库存台账	东区（西区）店长	依据销售小票，登记库存台账

(3) 门店日常销售并收款，如表 3-9 和表 3-10 所示。

表 3-9　东区门店-个人销售订单

客户名称	日期	货品名称	数量	单位	含税单价/元	应收金额/元
个人客户订单合计 1	2020-01-05	经济型童车	100	辆	1250.00	125000.00
个人客户订单合计 2	2020-01-05	经济型童车	100	辆	1250.00	125000.00
个人客户订单合计 3	2020-01-05	经济型童车	100	辆	1250.00	125000.00
个人客户订单合计 4	2020-01-05	经济型童车	100	辆	1250.00	125000.00
合计			400			500000.00

表 3-10　西区门店-个人销售订单

客户名称	日期	货品名称	数量	单位	含税单价/元	应收金额/元
个人客户订单合计 1	2020-01-05	经济型童车	100	辆	1250.00	125000.00
个人客户订单合计 2	2020-01-05	经济型童车	100	辆	1250.00	125000.00
个人客户订单合计 3	2020-01-05	经济型童车	100	辆	1250.00	125000.00
个人客户订单合计 4	2020-01-05	经济型童车	100	辆	1250.00	125000.00
合计			400			500000.00

(4) 门店零售日结，如表 3-11 所示。

门店一天营业结束后，要对现金、商品和小票进行对账，若没有问题则正常闭店。

表 3-11　门店零售日结

序号	操作步骤	角色	操作内容
1	整理商品陈列	东区（西区）店长	在营业结束前 30 分钟开始整理门店商品陈列

续表

序号	操作步骤	角色	操作内容
2	现金验钞	东区（西区）店长	进行现金验钞
3	核对现金、小票和商品	东区（西区）店长	核对现金、小票和商品
4	现金封包	东区（西区）店长	核对无误后对现金进行封包，店长签字
5	放入保险柜并登记签字	东区（西区）店长	将现金总额放入保险柜，并在保险柜检查登记本上记录和签字
6	登记销售日报表	东区（西区）店长	闭店前，店长登记当日的销售日报表

（5）门店上缴营业款，如表3-12所示。

门店上缴上一天的营业款给总部，分店与总部进行对账核算。

表3-12 门店上缴营业款

序号	操作步骤	角色	操作内容
1	上缴营业款	东区（西区）店长	上缴上一天的营业款给总部
2	报送销售日报表和销售流水小票	东区（西区）店长	向总部报送销售日报表和销售流水小票
3	归集门店营业款	总经理	归集各个门店营业款
4	核对各门店营业收入	总经理	核对各门店营业收入
5	核对门店明细核算	总经理	核对门店明细核算，包括配货数量、销售数量、存货数量、售价金额
6	登记门店核算明细表	总经理	登记门店核算明细表

（6）门店向总部请货，如表3-13所示。

门店根据销售情况和库存情况向总部主动提出补货申请。

表3-13 门店向总部请货

序号	操作步骤	角色	操作内容
1	填制补货申请单	东区（西区）店长	根据日均销售量、库存下限、在途数量、补货周期及安全库存等因素填写补货申请单
2	确认补货申请单	仓储经理	1. 审核补货申请单内容填写的准确性和合理性； 2. 确认补货申请
3	补货分类	仓储经理	根据补货申请单对补货情况进行分类（紧急、正常）

（7）总部进行请货分析，如表3-14和图3-54所示。

总部进行请货分析的目的是通过监控各门店，及时了解经营状况，最快获悉市场动向和顾客需求，合理调配库存，加快资金周转；根据各店请货情况和仓储中心的库存情况，生成采购信息，降低库存量，减少资金占用量。

表 3-14 总部请货分析

序号	操作步骤	角色	操作内容
1	店长提供库存信息	东区（西区）店长	提供门店库存结存信息
2	总经理提供库存信息	总经理	汇总门店库存结存信息，提供给仓储配送中心
3	请货分析	仓储经理	针对各分店的请货量、请货品种及请货状态来分析哪些商品畅销、哪些商品滞销，查看商品数量能否满足请货需求。首先应该满足"紧急"请货商品；其次制定配送方案（包括配送中心配送方案和供应商配货方案）
4	填写配送通知单	仓储经理	根据配送方案填写配送通知单
5	审核配送通知单	总经理	审核配送通知单，签字确认

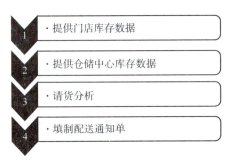

图 3-54 补货申请图示

（8）总部向东区门店下达配送通知，如表 3-15 所示。

总部通过请货分析等相关信息统筹生成配送通知单，并下达给仓储中心及门店，或者将需采购商品信息发送给采购员向供应商采购，并指定送货地点。

表 3-15 总部向东区门店下达配送通知

序号	操作步骤	角色	操作内容
1	下达配送通知单	仓储经理	将配送通知单下达给门店店长
2	接收并确认配送通知单	东区店长	1. 门店店长接收配送通知单； 2. 根据补货申请单确认配送通知单内容； 3. 签字确认
3	门店准备接货	东区店长	准备按配送通知单接货

（9）总部向西区门店下达配送通知，如表 3-16 所示。

总部通过请货分析等相关信息统筹生成配送通知单，并下达给仓储中心及门店，或者将需采购商品信息发送给采购员向供应商采购，并指定送货地点。

表 3-16 总部向西区门店下达配送通知

序号	操作步骤	角色	操作内容
1	下达配送通知单	仓储经理	将配送通知单下达给门店店长

续表

序号	操作步骤	角色	操作内容
2	接收并确认配送通知单	西区店长	1. 门店店长接收配送通知单； 2. 根据补货申请单确认配送通知单内容； 3. 签字确认
3	门店准备接货	西区店长	准备按配送通知单接货

（10）仓储中心配送出库，如表 3-17 所示。

仓储中心按照配送通知单的要求进行拣货，把理好的货进行复核，并办理配送出库。

表 3-17 仓储中心配送出库

序号	操作步骤	角色	操作内容
1	按照配送通知单的要求进行拣货	仓储经理	按照配送通知单的要求进行拣货
2	把理好的货发送到发货区域	仓储经理	把理好的货发送到发货区域
3	复核理货	总经理	按照配送方案的要求对理好的货进行复核
4	填写配送出库单	仓储经理	1. 填写配送出库单（一式两联）； 2. 送交总经理审核
5	审核配送出库单	总经理	审核配送出库单的准确性和合理性，在配送出库单上签字
6	办理出库	仓储经理	办理配送出库
7	登记库存台账	仓储经理	根据出库单登记库存台账

（11）门店到货签收，如表 3-18 所示。

门店签收到货，并办理入库。

表 3-18 门店到货签收

序号	操作步骤	角色	操作内容
1	清点、检验配送货物	东区（西区）店长	根据配送通知单清点、检验配送的货物
2	填写补货入库单	东区（西区）店长	填写补货入库单（一式两联）
3	审核补货入库单	东区（西区）店长	审核补货入库单的准确性和合理性，在补货入库单上签字
4	办理门店入库	东区（西区）店长	办理门店入库
5	登记库存台账	东区（西区）店长	根据补货入库单登记库存台账

（12）仓储中心补货申请，如表 3-19 所示。

仓储中心补货业务是依据仓储中心库存商品最小库存量编制补货申请单，提交给采购部门，作为采购计划的参考。

表 3-19　仓储中心补货申请

序号	操作步骤	角色	操作内容
1	填制仓储中心补货申请单	仓储经理	1. 依据库存下限、在途数量、采购周期及安全库存等因素填写补货申请单； 2. 补货申请单，一式两份
2	审核仓储中心补货申请单	总经理	1. 审核补货申请单内容填写的准确性和合理性； 2. 在补货申请单上签字确认

（13）总部编制采购计划，如表 3-20 所示。

连锁总部根据门店的销售情况、请货分析、仓储中心补货申请单，核对仓储中心库存及在途信息，编制采购计划表。

表 3-20　总部编制采购计划

序号	操作步骤	角色	操作内容
1	编制采购计划表	总经理	1. 根据门店的销售情况、请货分析、仓储中心补货申请单，核对仓储中心库存及在途信息，编制采购计划； 2. 初步填制采购计划表； 3. 根据供应商的折扣等相关信息调整采购计划表； 4. 采购计划表交采购员下发
2	分发采购计划表	仓储经理	1. 采购计划表一式两份； 2. 分发采购计划表

（14）总部与制造企业签订购销合同，如表 3-21 所示。

表 3-21　总部与制造企业签订购销合同

序号	操作步骤	角色	操作内容
1	填写购销合同，填写合同会签单	仓储经理	1. 填写购销合同，填写合同会签单； 2. 将购销合同和合同会签单送交总经理审核
2	审核购销合同和合同会签单	总经理	1. 审核购销合同的条款、期限、付款信息等是否符合公司要求； 2. 确认符合要求后在合同会签单上签字； 3. 审核通过后在购销合同上盖章
3	合同存档	总经理	1. 更新合同管理表-购销合同； 2. 将盖章的购销合同交给制造企业营销专员； 3. 总经理将合同会签单与一份制造企业盖章的购销合同一起进行归档
4	购销合同登记	总经理	更新购销合同执行情况表

（15）制造企业与总部签订购销合同，如表 3-22 和图 3-55 所示（样本中的相关信息，可依据各自企业实际业务填写，样本数据仅供填写单据格式参考）。

制造企业营销部为开展商业活动，保护公司利益，与总部签订购销合同。购销合同能否顺利签订，关系制造企业经营效益。

表3-22 制造企业与总部签订购销合同

序号	操作步骤	角色	操作内容
1	填写购销合同	销售专员	1. 根据销售计划与客户沟通销售合同细节内容； 2. 填写购销合同，并要求连锁企业签字盖章，一式两份
2	填写合同会签单	销售专员	1. 填写合同会签单； 2. 将购销合同和合同会签单送交营销部经理审核
3	合同会签单签字	营销部经理	1. 接收销售专员交给的购销合同和合同会签单； 2. 审核购销合同内容填写的准确性和合理性； 3. 在合同会签单上签字确认
4	合同会签单签字	财务部经理	1. 接收销售专员交给的购销合同和合同会签单； 2. 审核购销合同内容填写的准确性和合理性； 3. 在合同会签单上签字确认
5	合同会签单签字	总经理	1. 接收销售专员交给的购销合同和合同会签单； 2. 审核购销合同内容填写的准确性和合理性； 3. 在合同会签单上签字确认
6	购销合同盖章	行政助理	1. 营销部经理把购销合同和合同会签单交给销售专员去盖章； 2. 销售专员拿购销合同和合同会签单找行政助理盖章； 3. 行政助理检查购销合同会签单是否签字； 4. 行政助理给购销合同盖章； 5. 行政助理将盖完章的购销合同交还销售专员
7	送还对方一份已签字盖章的合同	销售专员	销售专员把本企业已经签字盖章的购销合同送还对方一份

图3-55 购销合同样本

(16) 总部录入采购订单,如表 3-23 所示。

表 3-23　总部录入采购订单

序号	操作步骤	角色	操作内容
1	录入采购订单	仓储经理	根据总部与制造企业签订的购销合同,录入采购订单信息

(17) 制造企业确认总部采购订单,如表 3-24 所示。

表 3-24　制造企业确认总部采购订单

序号	操作步骤	角色	操作内容
1	确认采购订单	采购员	1. 确认总部采购订单; 2. 根据采购订单信息填写销售订单、销售订单明细表

(18) 制造企业销售发货给总部,如表 3-25 所示。

表 3-25　制造企业销售发货给总部

序号	操作步骤	角色	操作内容
1	填制发货单	销售专员	1. 根据销售订单明细表和发货计划填制发货单; 2. 报营销部经理和财务部经理审核
2	审核发货单	营销部经理	1. 根据销售订单明细表审核发货单,确认客户名称、产品名称、型号等重要项的填写; 2. 在发货单上签字,将审核完的发货单交还销售专员; 3. 销售专员留存发货单第一联,将第二联送仓储部,第三联送财务部
3	审核发货单	财务部经理	审核发货单并签字
4	填制销售出库单	仓管员	1. 根据发货单填制销售出库单; 2. 请销售专员签字; 3. 提交至仓储部经理审批
5	审核销售出库单	仓储部经理	1. 仓储部经理审核销售出库单; 2. 办理出库手续
6	登记库存台账	仓储部经理	根据出库单填写库存台账,登记完交仓管员留存备案
7	在系统中处理销售发货	仓储部经理	选择发货的订单并发货
8	发货单交给连锁企业	销售专员	根据发货单进行销售发运,并将发货单第四联送交总部
9	办理物流运输	物流公司业务经理	物流公司业务经理办理物流运输
10	开具增值税专用发票	出纳	1. 从销售专员处获取卖给总部的销售价格 2. 根据销售出库单,结合销售价格,开具销售发票

续表

序号	操作步骤	角色	操作内容
11	填制收入记账凭证	财务会计	1. 根据开具的发票填制记账凭证； 2. 将记账凭证交给财务部经理审核
12	审核记账凭证	财务部经理	1. 接收财务会计交给的记账凭证，进行审核； 2. 审核后，交财务会计登记科目明细账
13	登记数量金额明细账	成本会计	1. 根据出库单填写存货明细账； 2. 只填写数量，月末计算成本
14	登记明细账	财务会计	1. 接收财务部经理交给的记账凭证； 2. 核对财务部经理是否已审核； 3. 根据审核后的记账凭证登记科目明细账
15	登记总账	财务经理	1. 接收财务会计交给的记账凭证； 2. 根据记账凭证登记科目总账

（19）总部采购入库，如表3-26所示。

接到制造企业发来的货物，总部办理采购入库。

表3-26　总部采购入库

序号	操作步骤	角色	操作内容
1	依据采购订单填写采购入库单	仓储经理	依据确认的采购订单填写采购入库单
2	审核采购入库单	总经理	审核采购入库单
3	办理入库	仓储经理	依据采购订单、采购入库单办理货物入库
4	登记库存台账	仓储经理	依据采购入库单（存根联）信息登记到库存台账中
5	更新采购情况执行表	总经理	依据入库信息更新采购合同执行情况表

（20）总部向制造企业支付货款，如表3-27和图3-56所示（样本中的相关信息，可依据各自企业实际业务填写，样本数据仅供填写单据格式参考）。

总部仓储经理接到制造企业的销售增值税专用发票，依据增值税发票信息提交付款申请单并付款。

表3-27　总部向制造企业支付货款

序号	操作步骤	角色	操作内容
1	收到制造企业开具的增值税专用发票	仓储经理	1. 收到制造企业开具的专用增值税发票； 2. 填写付款申请单； 3. 将发票和付款申请单提交给总经理审核
2	审核付款申请单	总经理	1. 收到仓储经理提交的发票和付款申请单； 2. 审核付款申请单与发票信息是否一致，付款要求是否合理； 3. 确认合理后，签字
3	办理网银付款（转账）	总经理	对照付款申请单在系统中办理网银付款

付款申请单

新道 教学专用

申请部门：	营销部	日期：2020-01-25	
发票编号：	62362517		
收款单位：	好佳童车制造有限公司		
单位地址：	北京市海淀区北清路6号	付款方式	☑转账
开户行：	中国工商银行北京分行		□支票
账号：	0100229999333823	已收发票	
用途：	支付货款	☑是	□否
金额(大写)：	叁拾万叁仟零玖拾陆元整	￥303096.00	
经办人签字：	马博	日期：	2020-01-25
财务主管意见：	钱坤	日期：	2020-01-25
总经理意见：	梁天	日期：	2020-01-25
备注：			

编码：DJ0215 网址：www.seentao.com 新道科技股份有限公司

图 3-56 付款申请单样本

（21）制造企业回收总部货款，如表 3-28 所示。

制造企业出纳去银行取回总部货款的电汇回单，并交由财务部依据企业业务流程进行账务处理。

表 3-28 制造企业回收总部货款

序号	操作步骤	角色	操作内容
1	到银行取回电汇回单	出纳	1. 到银行取回电汇回单； 2. 将电汇回单交给财务会计
2	编制记账凭证	财务会计	1. 接收出纳送来的电汇回单； 2. 编制记账凭证； 3. 将电汇回单粘贴到记账凭证后面； 4. 将记账凭证交财务部经理审核
3	审核记账凭证	财务部经理	1. 接收财务会计送来的记账凭证； 2. 审核记账凭证的附件是否齐全、正确； 3. 审核记账凭证的编制是否正确； 4. 审核完毕，交给出纳登记银行存款日记账
4	登记银行日记账	出纳	1. 根据审核后的记账凭证登记银行存款日记账； 2. 登记完毕后，交财务会计登记科目明细账
5	登记科目明细账	财务会计	1. 接收出纳送来的记账凭证； 2. 核对财务部经理是否已审核； 3. 根据审核后的记账凭证登记科目明细账

续表

序号	操作步骤	角色	操作内容
6	登记总账	财务部经理	1. 接收出纳交给的记账凭证； 2. 根据记账凭证登记科目总账

3.14.5 实训思考

（1）门店零售日结操作步骤有哪些？

（2）仓储中心备货业务操作步骤有哪些？

实训任务 3.15　招投标公司基本业务流程处理

3.15.1　实训目标

熟悉招投标公司基本业务流程处理。

3.15.2　实训内容

招投标公司基本业务流程处理。

3.15.3　实训工具

VBSE 实训系统软件、多媒体教室。

压缩企业开、办时间工作实施方案

3.15.4　实训步骤

（1）企业名称预先核准申请，如表 3-29 所示。

招投标公司起名后到市场监督管理局办理名称核准。

表 3-29　企业名称预先核准申请

编号	活动名称	角色	操作内容
1	企业取名	总经理	1. 申办人应提前准备好公司名称 3~5 个，公司名称要符合规范，具体格式例如：某地（地区名）+某某（企业名）+贸易（行业名）+有限公司（类型）； 2. 在实训中，公司名称已给定
2	填写企业名称预先核准申请书	总经理	1. 找到企业名称预先核准申请书； 2. 填写已准备好的公司名称，完成企业名称预先核准申请表
3	到市场监督管理局审核申请书	总经理	到市场监督管理局递交企业名称预先核准申请书，等待市场监督管理局审批结果
4	审核申请书	市场监督管理局专管员	1. 审核企业递交的企业名称预先核准申请书； 2. 审核后，为企业发放企业名称预先核准通知书

（2）企业设立登记，如表 3-30 所示。

招投标公司到市场监督管理局办理工商注册。

表 3-30　企业设立登记

编号	活动名称	角色	操作内容
1	填写企业设立登记申请表	总经理	1. 找到企业设立登记申请表； 2. 填写已准备好的公司名称，完成企业名称预先核准申请表

续表

编号	活动名称	角色	操作内容
2	到市场监督管理局办理审核	总经理	携带房屋租赁合同、房产证复印件(实训中未提供,可不带)、公司章程、企业名称预先核准通知书到市场监督管理局进行企业设立登记,等待市场监督管理局专管员进行审核
3	市场监督管理局审核设立登记	市场监督管理局专管员	1. 接收企业设立登记申请表; 2. 审核企业设立登记申请表并发放营业执照

(3) 税务登记,如表3-31所示。

招投标公司办理税务报到,完成税务登记。

表3-31 税务登记

编号	活动名称	角色	操作内容
1	签订税收代扣协议	总经理	到银行领取同城委托收款协议并填写
2	审核代扣协议	银行柜员	1. 收到企业填写的同城委托收款协议; 2. 审核协议,并签署相关部分
3	填写税务登记表	总经理	1. 到税务局领取并填写税务登记表; 2. 将税务登记表提交税务局进行审核
4	审核登记表	税务专管员	审核企业提交的税务登记表

(4) 银行开户申请,如表3-32所示。

招投标公司到银行开立企业的基本账户。

表3-32 银行开户申请

编号	活动名称	角色	操作内容
1	填写银行结算账户申请书	总经理	1. 到银行领取银行结算账户申请书并填写; 2. 填写后,将单据与营业执照、法人身份证、经办人身份证交由银行进行审核
2	审核银行结算账户申请书	银行柜员	1. 收到企业填写的银行结算账户申请书; 2. 审核银行结算账户申请书并签署相关部分

(5) 签订招标代理合同,如表3-33和图3-57所示(样本中的相关信息,可依据各自企业实际业务填写,样本数据仅供填写单据格式参考)。

招投标公司与委托方签订招投标委托合同。

表3-33 签订招标代理合同

编号	活动名称	角色	操作内容
1	签订招标代理合同	总经理	1. 委托方:恒润商贸有限公司;开户行:中国工商银行北京分行;账号:0100229999000099030; 2. 根据以上信息,签订招标代理合同,招标代理合同由总经理一人代签

新道 教学专用

物资采购招标代理合同

合同编号：CG001

甲方(委托方)：恒润商贸有限公司　　签订地点：北京

乙方(代理方)：新华招投标有限公司　　签订时间：2020年 1 月 5 日

鉴于：

1. 委托方就 经济型童车采购项目 ，需要通过招投标的方式寻找合作对象，但无意自行组织招投标工作。

2. 代理方承诺自身是合法的招标代理机构，有能力组织本次招投标工作。

因此，双方经友好协商，就代理方受委托方委托，开展招标代理工作，签订本合同。

第1条 项目基本情况

1. 物资名称：经济型童车

2. 规格：________

3. 数量：1500辆

4. 使用地点：恒润商贸有限公司

5. 其他特别要求：无

第2条 代理招标的内容

1. 代理范围内单项合同估算价为 1650000 元。

2. 具体的代理事项（有委托的在□内打√；无委托的╳）：

☑ 拟定发包方案

☑ 发布招标公告/发出投标邀请书　　☑ 组织现场踏勘和答疑

☑ 编制资格预审文件　　☑ 组织开标

☑ 组织接收投标申请人报名　　☑ 组织评标

☑ 审查潜在投标人资格，确定潜在投标人　　☑ 草拟采购合同

☑ 编制招标文件　　☑ 编制招投标情况书面报告

☒ 编制标底　　□ 其他：无

第3条 委托方的权利

1. 参与招标代理工作的有关活动。

2. 要求代理方及时提供招标代理工作进展情况。

3. 要求代理方更换不称职的人员或按规定应回避的人员。

4. 确定代理方的具体工作内容或提出具体要求。

5. 委托方或政府有关部门发现代理方在招标代理工作中违反有关法律、法规或建设程序，并经确认的，委托方有权要求代理方予以纠正。情节严重的，委托方可以解除本合同。

网址：www.seentao.com 电话：4006600599 编码：DJ0192　1/4

新道 教学专用

物资采购招标代理合同

第4条 委托方的义务

1. 在开展招标代理工作之前，按照有关规定完成项目所需的有关审批手续。

2. 应向代理方及时、无偿、真实、详细的提供招标代理工作范围内所需的文件和资料。代理方应对此予以指导。

3. 委派 王力 <人名>作为委托方的代表，配合代理方工作。

4. 对代理方发出的书面通知，应在__日内予以书面答复。

5. 招标代理工作的内容、时间或项目的内容、时间等发生重大调整，应提前__日通知代理方，以便代理方调整相应的工作安排。

6. 对由于自身过错造成的代理方的损失，承担赔偿责任。

7. 委托方及其工作人员不得以任何形式向代理方索要或收受回扣、礼金、好处费和其他礼物，或要求代理方报销应由委托方或其工作人员自行承担的费用。

8. 委托方应在本合同签订之日的同时，向代理方出具授权委托书。

9. 其他：________

第5条 代理方的权利

1. 委派有资质的人员，成立招标代理项目组，根据委托方的具体要求，做好招标代理工作组长为 王力 <人名>，具体成员名单如下：

姓名	职务	职称	注册资格	上岗证号
王力	招标A组组长	中级	注册造价工程师执业资格	XXXXXXX
赵强	招标专员	中级		XXXXXXX

2. 在招标代理工作中有权拒绝任何反法律、法规和其他规定的人为干预。

3. 委托方针对招标代理工作和项目提出的某些条件和要求不符合国家有关规定的，代理方可以建议委托方进行修改。委托方拒绝修改的，代理方作出书面具体说明后，可以解除本合同。

第6条 代理方的义务

1. 不得将本合同确定的招标代理工作转让给第三方操作。

2. 向委托方提供工作计划及相关资料，做好有关法律、法规和其他规定的解释工作。

3. 委派的人员如与工程潜在投标人有任何利益关系或其他可能影响招标代理工作公正性的情形，应主动向委托方提出回避。委托方同意回避的，代理方应立即更换其他合适的人员，不得因此而影响工作。

4. 对招标代理工作中提出的技术方案、数据参数、技术经济分析结论负责。

网址：www.seentao.com 电话：4006600599 编码：DJ0192　2/4

新道 教学专用

物资采购招标代理合同

5. 对由于自身过错造成的委托方的损失，承担赔偿责任。

6. 不得采用行贿、给予其他利益或者诋毁他人等不正当手段干扰招标代理工作的公正性。不得向委托人、潜在投标人或投标人索要或收受回扣、礼金、好处费和其他礼物，或要求报销应由代理方及其工作人员自行承担的费用。

7. 招标代理工作完成后__日内，代理方应向委托方提供完整、详细的书面报告，并返还委托方提供的所有材料。

8. 受托人发现可能出现流标或其他任何可能影响正常的招标结果的情形，应立即向委托人报告并提供相应材料，以便委托人及时作出指示。

9. 受托人出具的任何对潜在投标人、投标人、中标人或其他第三方具有法律效力的文件，均应告知委托方，由委托方签字或盖章确认后，方可对外公布。

第7条 招标代理工作的时间要求

1. 开始时间：2020年 1 月 5 日；

2. 完成时间：2020年 1 月 25 日；

3. 因非委托方过错造成的时间延误，完成时间可以相应延期，具体以____时间为准。

第8条 代理费的结算

1. 计费标准采用下列第 1 种方式：

（1）<固定收费>代理费 5000 元，代理方不再收取任何其他费用；

（2）按照中标价的__%收取代理费；流标且不再组织招标的，则收取固定代理费____元；标底编制费按照标底价的__%另外收取；

2. 招标代理费由委托方支付/与投标人约定，由中标人支付，包含在投标报价中，并将此项内容在招标文件中写明；

3. 代理方为完成招标代理工作而发生的一切相关费用，包括但不限于差旅费、复印费、评委聘请费用等，均由代理方承担；

4. 代理费在招标代理工作完成后__日内支付到代理方账户。

第9条 其他约定

1. 双方应对合作过程中知悉的对方的经营情况和信息予以保密。本项义务不以本合同解除而免除。保密承诺书作为本合同的附件。

2. 出现流标的，是否重新组织招标，由双方另行协商。经协商决定重新组织招标的，按本合同的条款执行。代理费只支付一次，按第九条的约定计算/在第九条约定的基础上浮__%。

第10条 附则

1. 本合同执行过程中发生争议，双方应协商解决，协商不成时，可交委托方所在地人民法院解

网址：www.seentao.com 电话：4006600599 编码：DJ0192　3/4

新道 教学专用

物资采购招标代理合同

决/________仲裁委员会裁决，仲裁书对双方具有终局效力。

2. 本合同一式 2 份，双方各执 1 份。本合同采用中文和________文字书写，具有同等法律效力。不同文字的文本内容如有不符，以中文为准。

（签字盖章页）

甲方（盖章）		乙方（盖章）	
单位地址：	北京市工体北路112	单位地址：	北京市望京科技大街5号
法定代表人（负责人）：	吴雅寒	法定代表人（负责人）：	李军
签约代表：		签约代表：	王力
联系电话：	186XXXXXXXX	联系电话：	139XXXXXXXX
开户银行：	中国工商银行北京分行	开户银行：	中国工商银行北京分行
账　　号：	0100229999000099030	账　　号：	0100229999000099031
邮政编码：	100027	邮政编码：	100037

________方担保人（盖章）

单位地址：________

法定代表人（负责人）：________

签约代表：________

联系电话：________

开户银行：________

账　　号：________

邮政编码：________

网址：www.seentao.com 电话：4006600599 编码：DJ0192　4/4

图 3-57　招标代理合同样本

(6)制作招标文件,如表 3-34 所示。
招投标公司总经理编制招标文件。

表 3-34 制作招标文件

编号	操作步骤	角色	操作内容
1	制作招标文件	总经理	编制招标文件

(7)发布招标公告,如表 3-35 所示。
招投标公司总经理发布招标公告。

表 3-35 发布招标公告

编号	操作步骤	角色	操作内容
1	编制招标公告	总经理	根据招标公告模板,新建 Word 文档,编制招标公告
2	发布招标公告	总经理	1. 打印编制完成的招标公告; 2. 将招标公告贴到公告板中,并通知企业到公告板处查看

(8)资格预审,如表 3-36 所示。
制造企业确认投标后,编写并提交资格预审文件,招投标公司审核资格预审文件。

表 3-36 资格预审

编号	操作步骤	角色	操作内容
1	编制资格预审文件	制造企业销售专员	1. 确定投标后,编制资格预审文件; 2. 编制完成后,由营销部经理审核后,销售专员提交到招投标公司
2	审核资格预审文件	招投标公司总经理	1. 收到企业提交的资格预审文件; 2. 审核资格预审文件

(9)出售招标文件,如表 3-37 所示。
招投标公司出售招标文件。

表 3-37 出售招标文件

编号	操作步骤	角色	操作内容
1	出售招标文件	总经理	1. 收到企业购买招标文件的申请; 2. 将招标文件销售给制造企业销售专员,招标文件 200 元一份

(10)制作投标文件,如表 3-38 所示。
制造企业购买招标文件并编制投标文件。

表 3-38 制作投标文件

编号	操作步骤	角色	操作内容
1	购买招标文件	销售专员	到招投标公司购买招标文件,每份招标文件 200 元
2	编制投标文件	销售专员	根据招标文件内容及企业自身情况,编制投标文件

（11）组织开标会，如表3-39所示。

招投标公司总经理组织开标会。

表3-39　组织开标会

编号	操作步骤	角色	操作内容
1	组织开标会	总经理	1. 组织已投标的企业进行投标讲解； 2. 请4~5位评委对招标情况进行评审

（12）参加开标会，如表3-40所示。

招投标公司总经理组织开标会，制造企业销售专员参加。

表3-40　参加开标会

编号	操作步骤	角色	操作内容
1	参加开标会	销售专员	1. 准备用于投标讲解的PPT； 2. 到招投标公司指定地点参加开标会

（13）定标并发放中标订单，如表3-41所示，中标通知书样本如图3-58所示（样本中的相关信息，可依据各自企业实际业务填写，样本数据仅供填写单据格式参考）。

定标后，招投标公司总经理发放中标订单。

表3-41　定标并发放中标订单

编号	操作步骤	角色	操作内容
1	招标评分	总经理	联合评标委员进行评分
2	定标并发布中标公告	总经理	1. 确定评分后，确定中标企业； 2. 发布中标公告
3	填写中标通知书	总经理	1. 填写中标通知书； 2. 将中标通知书送交中标企业
4	发放中标订单	总经理	发放中标订单

（14）制造企业（中标）给招标客户发货，如表3-42所示。

制造企业（中标）营销部销售专员填写发货单，交营销部经理审核批准后通知招标客户。

表3-42　制造企业（中标）给招标客户发货

编号	操作步骤	角色	操作内容
1	填写发货单	销售专员	1. 填写发货单； 2. 将发货单送交营销部经理审核
2	审核发货单	营销部经理	1. 接收销售专员交给的发货单并审核发货单； 2. 将发货单发送销售专员
3	分发发货单	销售专员	1. 接收营销部经理交给的发货单； 2. 分发发货单给招标客户

中标通知书

好佳童车制造有限公司：

　　新华招投标有限公司 的 经济型童车采购 的评标工作已结束，根据《中华人民共和国政府采购法》、《中华人民共和国招标投标法》及有关法律、法规、规章和本项目招标文件的规定，确定你单位为中标人。

　　我方将在本中标通知书发出后，依据本项目招标文件以及你方的投标文件与你方签订合同。

　　请你方派代表于 2020 年 1 月 25 日前到新华招投标有限公司与我方洽谈合同。

　　你方中标条件如下：
1. 中标范围和内容：经济型童车1500辆
2. 中标价：1650000元
3. 中标工期：2020年1月
4. 中标质量标准：ccc国家强制性产品认证制度
5. 中标项目经理姓名、资质等级及资质证书
　　项目经理：_____ 资质等级：_____ 证书：_____

招标单位 备案（公章）：新华招投标有限公司　　招标人：

法定代表人（签字）：

2020 年 1 月 15 日

图 3-58 中标通知书样本

（15）制造企业（中标）给招标客户办理销售出库，如表 3-43 所示。

制造企业（中标）仓储部办理招标客户销售出库，并由销售专员申请开具发票后，进行相关账务处理。

表 3-43 制造企业（中标）给招标客户办理销售出库

编号	操作步骤	角色	操作内容
1	填制产品销售出库单	仓管员	1. 依据发货单填制产品销售出库单； 2. 提交至仓储部经理审批
2	审核产品销售出库单	仓储部经理	1. 仓储部经理收到仓管员开具的产品销售出库单； 2. 审核填写是否正确； 3. 确认无误，签字并交还仓管员去办理出库手续
3	登记库存台账	仓管员	1. 接收仓储部经理审核批准的产品销售出库单； 2. 登记库存台账，留存备案
4	销售发运并申请开票	销售专员	1. 根据销售出库单进行销售发运，并将销售出库单第四联送交客户； 2. 向出纳申请开发票

续表

编号	操作步骤	角色	操作内容
5	开具发票	出纳	1. 从销售专员处获取卖给该客户的销售价格； 2. 根据产品销售出库单，结合销售价格，开具销售发票
6	发票送给客户	销售专员	销售专员将发票交物流公司，由物流公司送给客户
7	填制记账凭证	财务会计	1. 根据开具的发票填制记账凭证； 2. 将记账凭证交给财务部经理审核
8	审核记账凭证	财务部经理	1. 接收财务会计交给的记账凭证，进行审核； 2. 审核后，交财务会计登记科目明细账
9	登记明细账	财务会计	1. 接收财务部经理交给的记账凭证； 2. 核对财务部经理是否已审核； 3. 根据审核后的记账凭证登记科目明细账
10	登记总账	财务部经理	1. 接收出纳交给的记账凭证； 2. 根据记账凭证登记科目总账

（16）制造企业（中标）收到招标客户货款，如表3-44所示。

制造企业（中标）营销部经理通知出纳查看收款信息，出纳根据收款的电汇回单记账。

表3-44 制造企业（中标）收到招标客户货款

编号	操作步骤	角色	操作内容
1	销售收款	销售专员	1. 办理销售收款； 2. 通知出纳查询银行存款
2	收到电汇回单	出纳	收到电汇回单
3	编制记账凭证	财务会计	1. 编制记账凭证； 2. 将电汇回单粘贴到记账凭证后面； 3. 将记账凭证交财务部经理审核
4	审核记账凭证	财务部经理	1. 审核出纳填制的记账凭证并对照相关附件检查是否正确； 2. 审核无误，签字确认； 3. 将确认后的记账凭证传递给出纳登记日记账
5	登记日记账	出纳	1. 根据记账凭证登记簿登记银行存款日记账； 2. 记账后在记账凭证上签字或盖章； 3. 将记账凭证传递给财务会计登记科目明细账
6	登记科目明细账	财务会计	1. 根据记账凭证登记科目明细账； 2. 记账后在记账凭证上签字或盖章
7	登记总账	财务部经理	1. 根据记账凭证登记总账； 2. 记账后在记账凭证上签字或盖章

（17）招投标公司结算招标代理服务费，如表 3-45、表 3-46 和图 3-59~图 3-62 所示（样本中的相关信息，可依据各自企业实际业务填写，样本数据仅供填写单据格式参考）。

表 3-45 结算招标代理服务费

编号	操作步骤	角色	操作内容
1	结算招标代理服务费	总经理	结算招投标公司的代理服务费

表 3-46 招标代理服务费费率

中标金额	货物招标	服务招标	工程招标
100 万元以下	1.5%	1.5%	1.0%
100 万~500 万元	1.1%	0.8%	0.7%
500 万~1000 万元	0.8%	0.45%	0.55%
1000 万~5000 万元	0.5%	0.25%	0.35%
5000 万元~1 亿元	0.25%	0.1%	0.2%
1 亿~5 亿元	0.05%	0.05%	0.05%
5 亿~10 亿元	0.035%	0.035%	0.035%
10 亿~50 亿元	0.008%	0.008%	0.008%
50 亿~100 亿元	0.006%	0.006%	0.006%
100 亿元以上	0.004%	0.004%	0.004%

图 3-59 招标代理服务费发票样本

付款申请单

申请部门：	营销部	日期：2020-01-25	
发票编号：	62362518		
收款单位：	新华招投标有限公司		
单位地址：	北京市望京科技大街5号	付款方式	☑转账
开户行：	中国工商银行北京分行		☐支票
账号：	0100229999000099031	已收发票	
用途：	支付投标费	☑是	☐否
金额(大写)：	玖仟柒佰伍拾元整	￥9750.00	
经办人签字：	马博	日期：2020-01-25	
财务主管意见：	钱坤	日期：2020-01-25	
总经理意见：	梁天	日期：2020-01-25	
备注：			

图 3-60　招标代理服务费付款申请单样本

ICBC 中国工商银行

业务回单（收款）

入账日期：	2020-01-25	回单编号：	20283784924
付款人户名：	好佳童车制造有限公司		
付款人账号：	0100229999333823		
付款人开户行/发报行：	中国工商银行北京分行		
收款人户名：	新华招投标有限公司		
收款人账号：	0100229999000099031		
收款人开户行：	中国工商银行北京分行		
币种：	人民币	金额（小写）：	￥9750.00
金额（大写）：	玖仟柒佰伍拾元整		
凭证种类：		凭证号码：	
业务（产品）种类：	支付投标费用	摘要：	支付投标费用
附言：			
支付交易序号：	13069851	报文种类：	00100 汇兑报文
委托日期：	2020/1/25	业务种类：	转账
收款人地址：			
付款人地址：			
打印次数：	1　次　机打回单注意重复	打印日期：2020-01-25	打印柜员：9527

图 3-61　招标代理服务费付款银行回单样本

图 3-62 招标代理服务费付款记账凭证样本

3.15.5 实训思考

（1）招投标代理人员的管理制度主要有哪些？

（2）假如你在一家公司负责招投标事项，请完整地介绍相关招投标程序。

实训任务 3.16　会计师事务所基本业务流程处理

3.16.1　实训目标

熟悉会计师事务所基本业务流程处理。

3.16.2　实训内容

会计师事务所基本业务流程处理。

3.16.3　实训工具

VBSE 实训系统软件、多媒体教室。

3.16.4　实训步骤

（1）承接物流公司代理记账业务，如表 3-47 所示。

会计师事务所了解物流公司基本情况并确定服务项目及收费后承接物流公司代理记账业务。

表 3-47　承接物流企业代理记账业务

编号	操作步骤	角色	操作内容
1	与物流公司洽谈业务	项目经理	1. 与物流公司总经理进行洽谈； 2. 询问物流公司基本情况，了解委托目的； 3. 确定服务项目及收费
2	签订代理记账合同	项目经理	与物流公司将业务达成一致，签署代理记账合同并签字盖章
3	建立客户档案	审计助理	登记客户的基本信息
4	办理物流公司财务资料移交手续	审计助理	1. 接收物流公司交来的财务资料； 2. 填写"资料移交清单"并在接交人处签字
5	准备期初建账	审计助理	1. 将移交的资料进行整理并妥善保管； 2. 熟悉物流公司业务和常用的会计科目，准备期初建账

（2）承接连锁企业代理记账业务，如表 3-48 所示。

会计师事务所了解连锁企业基本情况并确定服务项目及收费后承接连锁企业代理记账业务。

表 3-48　承接连锁企业代理记账业务

编号	操作步骤	角色	操作内容
1	与连锁企业洽谈业务	项目经理	1. 与连锁企业财务经理进行洽谈； 2. 询问连锁企业基本情况，了解委托目的； 3. 确定服务项目及收费

续表

编号	操作步骤	角色	操作内容
2	签订代理记账合同	项目经理	与连锁企业将业务达成一致，签署代理记账合同并签字盖章
3	建立客户档案	审计助理	登记客户的基本信息
4	办理连锁企业财务资料移交手续	审计助理	1. 接收连锁企业交来的财务资料； 2. 填写"资料移交清单"并在接交人处签字
5	准备期初建账	审计助理	1. 将移交的资料进行整理并妥善保管； 2. 熟悉连锁企业业务和常用的会计科目，准备期初建账

（3）承接审计业务，如表3-49所示。

会计师事务所在承接审计业务后开展审计业务活动可分为三个阶段：计划审计工作阶段、审计实施工作阶段、审计终结阶段。在VBSE实训的审计活动中，业务流程是基于制造企业年终财务报表审计的情境。

在计划审计工作开展之前，审计师需要开展初步业务活动，评估承接业务风险，与客户签订业务约定书，完成审计业务的承接。

初步业务活动的目的是确定是否接受业务委托。如接受业务委托，确保在计划审计工作时达到下列要求：审计师已具备执行业务所需要的独立性和专业胜任能力；不存在因管理层诚信问题而影响审计师承接或保持该项业务意愿的情况；与被审计单位不存在对业务约定条款的误解。

表3-49 承接审计业务

编号	操作步骤	角色	操作内容
1	委托审计	财务部经理	制造企业财务部经理找会计师事务所就委托审计的目的、内容等进行洽谈，提出委托会计师事务所进行年终财务报表审计的请求
2	与被审计单位面谈	项目经理	与制造企业财务部经理洽谈，初步了解制造企业委托审计的目标、范围和内容；对委托企业的情况进行详细调查和了解
3	评估并签订审计合同	项目经理	综合考虑制造企业情况及事务所人员能否胜任委托审计的业务，决定是否接受该项审计业务并签署审计合同

（4）总体审计策略制定与风险识别和评估，如表3-50所示。

会计师事务所承接审计业务之后，首先应召开审计预备会议，并制定总体审计策略。根据批准后的总体审计策略，项目经理安排项目组成员与制造企业进行沟通，告知进驻的具体审计时间以及需要准备的审计资料。在办理完成审计资料交接的手续后在规定的时间进驻制造企业，并对财务报表存在的重大错报风险进行初步识别、评估。

表 3-50 总体审计策略制定与风险识别和评估

编号	操作步骤	角色	操作内容
1	召开审计预备会议并记录会议内容	制造企业财务部经理	成立审计小组，召开项目预备会
2	制定总体审计策略	项目经理	根据会议讨论结果，制定总体审计策略并编制总体审计策略工作底稿
3	通知制造企业审计时间及需要准备的资料	项目经理	电话通知制造企业审计的内容、时间安排等信息，并将审计资料清单内容告知制造企业
4	整理和准备提交资料	制造企业财务部经理	根据会计师事务所告知的审计资料清单内容准备相关资料
5	接收审计资料	审计助理	1. 接收制造企业财务部经理提交的审计资料并在"审计资料交接清单"中"资料接交人"处签字； 2. 制造企业财务部经理向审计助理提交审计资料后在"审计资料交接清单"中"资料移交人"处签字； 3. 双方各留存一份"审计资料交接清单"

（5）固定资产的实质性测试，如表 3-51 所示。

会计师事务所项目经理在对制造企业采购与付款内部控制测试的基础上，制订固定资产的实质性测试程序计划和实施实质性分析程序，并分派审计师及审计助理对固定资产的增减变动以及账务处理、固定资产的所有权、累计折旧的计提合理性等实施审计程序，从而确定固定资产净值的审定数。在完成上述审计工作后，项目经理对审计师及审计助理编制的工作底稿进行现场复核。

表 3-51 固定资产的实质性测试

编号	操作步骤	角色	操作内容
1	制订固定资产实质性测试程序计划	项目经理	1. 确定审计目标与认定的对应关系； 2. 选择计划执行的审计程序； 3. 编制固定资产实质性程序工作底稿
2	编制固定资产明细表	审计师	1. 获取本期固定资产、累计折旧、固定资产减值准备等总账、明细账并复核是否一致； 2. 编制固定资产明细表工作底稿
3	检查本期固定资产的增加	审计师	1. 检查固定资产明细账，抽取本期外购固定资产样本，追查至记账凭证，查看附件是否包含采购申请单、采购合同、采购发票、运费单等原始凭证； 2. 检查采购申请单中是否有审批人签字； 3. 重新计算固定资产的入账价值，确定是否与明细账一致； 4. 检查会计凭证中的账务处理是否正确； 5. 编制固定资产增加检查情况表工作底稿

续表

编号	操作步骤	角色	操作内容
4	检查本期固定资产的减少	审计师	1. 抽查固定资产减少的记录样本，追查至固定资产减少的记账凭证； 2. 检查附件中是否有固定资产减少的申请单，是否有审批人签字； 3. 检查固定资产减少的账务处理是否正确； 4. 编制固定资产减少检查情况表工作底稿
5	检查累计折旧的计算	审计助理	1. 检查固定资产明细账，按照分类折旧率和固定资产计提折旧的基数重新计算本期计提折旧额，并与累计折旧明细账核对； 2. 将本期计提折旧额与成本计算单以及生产成本、制造费用、管理费用等明细账中的折旧额合计进行审核； 3. 编制折旧测算表工作底稿； 4. 编制固定资产折旧分配检查表工作底稿
6	固定资产的调整与审定	审计师	1. 将固定资产监盘检查情况表、固定资产增加检查情况表、固定资产减少检查情况表、折旧测算表、固定资产折旧分配检查表等工作底稿中需要进行账项调整的金额过入固定资产审定表工作底稿； 2. 根据本期未审数、账项调整分录计算本期审定数，编制固定资产审定表工作底稿
7	复核工作底稿	项目经理	1. 审核固定资产监盘检查情况表、固定资产增加检查情况表、固定资产减少检查情况表、折旧测算表、固定资产折旧分配检查表、固定资产所有权审查表等工作底稿； 2. 在上述工作底稿的复核人处签字

（6）存货的实质性测试，如表3-52所示。

会计师事务所项目经理在对制造企业生产与仓储内部控制测试的基础上，制订存货实质性测试程序计划，并分派审计师及审计助理对存货进行监盘、计价测试、产品生产成本的计算测试、盘点结果的核对等，从而确定存货的审定数。在完成上述审计工作后，项目经理对审计师及审计助理编制的工作底稿进行现场复核。

表3-52 存货的实质性测试

编号	操作步骤	角色	操作内容
1	制订存货实质性测试程序计划	项目经理	1. 确定审计目标与认定的对应关系； 2. 选择计划执行的审计程序； 3. 编制存货实质性程序工作底稿
2	编制主要存货明细表	审计师	1. 获取本期存货及总账、明细账并复核是否一致； 2. 编制主要存货明细表工作底稿； 3. 检查主要存货明细表中是否有异常或负数余额
3	实施存货监盘程序	审计师	1. 取得制造企业存货盘点计划； 2. 检查制造企业人员是否遵循存货盘点计划准确记录存货的数量及状况； 3. 从存货盘点记录中抽取部分原材料及产成品存货追查至存货实物； 4. 从存货实物中抽取部分原材料及产成品存货追查至存货盘点记录； 5. 编制存货抽盘核对表工作底稿

续表

编号	操作步骤	角色	操作内容
4	将存货明细表与盘点结果核对	审计助理	1. 从各类存货明细账中选取具有代表性的样本，与盘点记录核对； 2. 从盘点记录选取具有代表性的样本，与各类存货明细账核对； 3. 编制存货明细账与监盘报告核对表工作底稿
5	存货借方的截止测试	审计师	1. 在资产负债表日前存货明细账借方发生额中各选取适量样本，与入库记录（如入库单，或购货发票，或运输单据）核对，确定存货入库被记录在正确的会计期间； 2. 在资产负债表日前的入库记录（如入库单，或购货发票，或运输单据）中各选取适量样本，与存货明细账的借方发生额进行核对，确定存货入库被记录在正确的会计期间； 3. 在资产负债表日前后的制造费用明细账借方发生额中各选取适量样本，确定有无跨期现象； 4. 编制存货借方截止测试工作底稿
6	存货贷方的截止测试	审计师	1. 在资产负债表日前存货明细账的贷方发生额中各选取适量样本，与出库记录（如出库单，或销货发票，或运输单据）核对，确定存货出库被记录在正确的会计期间； 2. 在资产负债表日前后的出库记录（如出库单，或销货发票，或运输单据）中各选取适量样本，与存货明细账的贷方发生额进行核对，确定存货出库被记录在正确的会计期间； 3. 编制存货贷方截止测试工作底稿
7	存货的计价测试	审计助理	1. 在存货明细表中选取适量样本，将其单位成本与购货发票核对，并确认存货成本中不包含增值税； 2. 选取适量样本，复核发出存货的金额计算是否正确； 3. 编制存货计价测试表工作底稿
8	产品生产成本计算的测试	审计师	1. 抽查成本计算单，检查直接材料、直接人工及制造费用的计算和分配是否正确，并与有关佐证文件（如领料记录、生产工时记录、材料费用分配汇总表、人工费用分配汇总表等）相核对； 2. 获取完工产品与在产品的生产成本分配标准和计算方法，重新计算并确认生产成本计算的准确性； 3. 编制产品生产成本计算测试表工作底稿； 4. 编制制造费用明细表工作底稿
9	存货的调整与审定	项目经理	1. 将主要存货明细表、存货抽盘核对表、存货明细账与监盘报告核对表、存货借方截止测试、存货贷方截止测试、存货计价测试表、制造费用明细表、产品生产成本计算测试表等工作底稿中需要进行账项调整的金额过入存货审定表工作底稿； 2. 根据本期未审数、账项调整分录计算本期审定数，编制存货审定表工作底稿
10	复核工作底稿	项目经理	1. 审核存货抽盘核对表、存货明细账与监盘报告核对表、存货借方截止测试、存货贷方截止测试、存货计价测试表、制造费用明细表、产品生产成本计算测试表等工作底稿； 2. 在上述工作底稿的复核人处签字

(7) 应付账款的实质性测试,如表 3-53 所示。

会计师事务所项目经理在对制造企业采购与付款内部控制测试的基础上,制订应付账款的实质性测试程序计划,并分派审计师及审计助理对应付账款实施函证或替代测试、抽取凭证检查、查找未入账应付账款等审计程序,从而确定应付账款的审定数。在完成上述审计工作后,项目经理对审计师及审计助理编制的工作底稿进行现场复核。

表 3-53 应付账款的实质性测试

编号	操作步骤	角色	操作内容
1	制订应付账款实质性测试程序计划	项目经理	1. 确定审计目标与认定的对应关系; 2. 选择计划执行的审计程序; 3. 编制应付账款实质性程序工作底稿
2	编制应付账款明细表	审计师	1. 获取本期应付账款总账、明细账并复核是否一致; 2. 确定客户应付账款的账龄; 3. 编制应付账款明细表工作底稿
3	检查本期应付账款的增减变动	审计助理	1. 抽取已偿付的应付账款样本若干,追查至银行对账单等其他原始凭证,确定其是否在资产负债表日前真实偿付; 2. 抽取未偿付的应付账款若干笔,检查债务形成的原始凭证,如供应商发票、验收报告或入库单; 3. 编制应付账款检查情况表工作底稿
4	查找未入账的应付账款	审计师	1. 以供应商发票、验收报告或入库单原始凭证为起点抽取若干笔业务; 2. 追查至应付账款明细账,检查有无漏记; 3. 编制未入账应付账款汇总表工作底稿
5	应付账款的函证或替代测试	审计助理	1. 从应付账面明细账中选取余额为前 3 名的应付账款,检查后附的原始凭证的完整性、记录的恰当性等; 2. 编制应付账款替代测试表工作底稿
6	确定应付账款审定数	审计师	1. 将应付账款检查情况表、应付账款替代测试表、未入账应付账款汇总表等工作底稿中需要进行账项调整的金额过入应付账款审定表工作底稿; 2. 根据本期未审数、账项调整分录计算本期审定数,编制应付账款审定表工作底稿
7	复核工作底稿	项目经理	1. 审核应付账款明细表、未入账应付账款汇总表、应付账款检查情况表、应付账款替代测试表等工作底稿; 2. 在上述工作底稿的复核人处签字

(8) 营业成本的实质性测试,如表 3-54 所示。

会计师事务所项目经理在对制造企业生产与仓储内部控制测试的基础上,制订营业成本实质性测试程序计划,并分派审计师及审计助理对主营业务成本实施实质性分析、抽查主营业务成本的计算及结转等审计程序,从而确定营业成本的审定数。在完成上述审计工作后,项目经理对审计师及审计助理编制的工作底稿进行现场复核。

表 3-54 营业成本的实质性测试

序号	操作步骤	角色	操作内容
1	制订营业成本实质性测试程序计划	项目经理	1. 确定审计目标与认定的对应关系; 2. 选择计划执行的审计程序; 3. 编制营业成本实质性程序工作底稿
2	编制主营业务成本明细表	审计助理	1. 获取本期主营业务成本及总账、明细账并复核是否一致; 2. 编制主营业务成本明细表工作底稿
3	实施主营业务成本的实质性分析程序	审计师	1. 获取本期和上期主营业务成本明细账资料; 2. 将本期和上期主营业务成本按月度进行比较分析; 3. 将本期和上期的主要产品单位成本进行比较分析; 4. 编制营业成本与上年度比较分析表工作底稿; 5. 编制主要产品单位主营业务成本分析表工作底稿
4	实施主营业务成本的倒扎测试	审计师	1. 获取本期原材料、生产成本、库存商品总账及明细账; 2. 编制主营业务成本倒扎表工作底稿
5	抽查主营业务成本的计算与结转	审计助理	1. 获取本期主营业务成本明细账; 2. 抽查主营业务成本,比较计入主营业务成本的品种、规格、数量和主营业务收入的口径是否一致; 3. 检查主营业务成本的计算与结转是否正确,检查支持性文件,确定原始凭证是否齐全、记账凭证与原始凭证是否相符以及账务处理是否正确; 4. 编制抽查会计凭证记录工作底稿
6	营业成本的调整与审定	审计师	1. 将主营业务成本明细表、抽查会计凭证记录等工作底稿中需要进行账项调整的金额过入营业成本审计表工作底稿; 2. 根据本期未审数、账项调整分录计算本期审定数,编制营业成本审定表工作底稿
7	复核工作底稿	项目经理	1. 审核主营业务成本明细表、营业成本与上年度比较分析表、主要产品单位主营业务成本分析表、主营业务成本倒扎表、抽查会计凭证记录等工作底稿; 2. 在上述工作底稿的复核人处签字

(9) 货币资金的实质性测试,如表 3-55 所示。

会计师事务所项目经理在对制造企业货币资金内部控制测试的基础上,制订货币资金实质性测试程序计划,并分派审计师及审计助理实施大额货币资金收支抽查、银行存款余额调节检查、银行存款的函证等审计程序,从而确定货币资金的审定数。在完成上述审计工作后,项目经理对审计师及审计助理编制的工作底稿进行现场复核。

表 3-55 货币资金的实质性测试

序号	操作步骤	角色	操作内容
1	制订货币资金实质性测试程序计划	项目经理	1. 确定审计目标与认定的对应关系; 2. 选择计划执行的审计程序; 3. 编制货币资金实质性程序工作底稿

续表

序号	操作步骤	角色	操作内容
2	编制货币资金明细表	审计助理	1. 获取本期库存现金、银行存款总账、明细账并复核是否一致； 2. 编制货币资金明细表工作底稿
3	实施库存现金监盘	审计助理	1. 制订监盘计划，确定监盘时间； 2. 将盘点金额与现金日记账余额进行核对； 3. 编制库存现金盘点表工作底稿
4	检查银行对账单及余额调节表	审计师	1. 获取资产负债表日银行对账单，并与账面余额核对； 2. 获取资产负债表日各银行存款余额调节表并进行汇总，检查调节表中加计数是否正确，调节后银行日记账余额与银行对账单余额是否一致； 3. 复核余额调节表的调节事项性质和范围是否合理； 4. 检查是否存在未入账的利息收入和利息支出； 5. 检查是否存在其他跨期收支事项； 6. 编制银行存款余额调节汇总表工作底稿； 7. 编制对银行存款余额调节表的检查工作底稿
5	函证银行存款	审计助理	1. 获取银行存款、短期借款、长期借款明细账及总账，获取银行存款和银行借款的日期、金额、期限等信息； 2. 编制银行询证函工作底稿； 3. 持银行询证函到制造企业开户银行办理函证，并取得回执； 4. 根据银行函证回执编制银行存款函证结果汇总表工作底稿
6	抽查大额货币资金收支凭证	审计助理	1. 检查原始凭证是否齐全、记账凭证与原始凭证是否相符、账务处理是否正确、是否记录于恰当的会计期间等项内容； 2. 编制货币资金收支检查表工作底稿
7	货币资金的调整与审定	审计师	1. 将货币资金明细表、对银行存款余额调节表的检查、库存现金盘点表等工作底稿中需要进行账项调整的金额过入货币资金审定表工作底稿； 2. 根据本期未审数、账项调整分录计算本期审定数，编制货币资金审定表工作底稿
8	复核工作底稿	项目经理	1. 审核货币资金明细表、对银行存款余额调节表的检查、库存现金盘点表、货币资金收支检查表等工作底稿； 2. 在上述工作底稿的复核人处签字

（10）营业收入的实质性测试，如表3-56所示。

会计师事务所项目经理在对制造企业销售与收款内部控制测试的基础上，制订营业收入的实质性测试程序计划，并分派审计师及审计助理对主营业务收入执行分析程序及其他细节测试程序、确定营业收入的审定数。在完成审计工作后，项目经理对审计师及审计助理编制的工作底稿进行现场复核。

表 3-56 营业收入的实质性测试

序号	操作步骤	角色	操作内容
1	制订营业收入实质性测试程序计划	项目经理	1. 确定审计目标与认定的对应关系； 2. 选择计划执行的审计程序； 3. 编制营业收入实质性程序工作底稿
2	分析全年各月主营业务收入变动情况	审计师	1. 获取本期利润表、主营业务收入总账和明细账，以及上期各月主营业务收入数据； 2. 利用分析程序计算变动额和变动比率； 3. 编制主营业务收入明细表工作底稿
3	分析月度毛利率	审计师	1. 计算本年各期毛利和毛利率； 2. 计算上年各期毛利和毛利率； 3. 分析本年和上年的毛利率变动幅度，作出审计结论； 4. 编制月度毛利率分析表工作底稿
4	分析业务/产品销售情况	审计助理	1. 计算本年各类收入/产品的毛利率； 2. 计算上年各类收入/产品的毛利率； 3. 分析本年和上年各类收入/产品的毛利率变动幅度，作出审计结论； 4. 编制业务/产品销售分析表工作底稿
5	执行营业收入细节测试	审计助理	1. 抽取若干张记账凭证，检查后附的原始凭证的完整性、记录的恰当性等； 2. 编制主营业务收入检查情况表工作底稿
6	执行主营业务收入的截止测试	审计师	1. 选取资产负债表日前后若干发货单据，追查至发票、记账凭证及主营业务收入明细账，判断发货单据、发票以及记账凭证日期是否在同一会计期间； 2. 选取资产负债表日前后若干笔主营业务收入明细账记录，追查至发货单据、发票、记账凭证，判断发货单据、发票以及记账凭证日期是否在同一会计期间； 3. 编制主营业务收入截止测试工作底稿
7	确定营业收入审定数	审计师	1. 将主营业务收入截止测试工作底稿中需要进行账项调整的收入过入营业收入审定表工作底稿； 2. 根据本期未审数、账项调整分录计算本期审定数，编制营业收入审定表工作底稿
8	复核工作底稿	项目经理	1. 审核主营业务收入明细表、月度毛利率分析表、业务/产品销售分析表、主营业务收入检查情况表、主营业务收入截止测试、营业收入审定表等工作底稿； 2. 在上述工作底稿的复核人处签字

（11）应收账款的实质性测试，如表 3-57 所示。

会计师事务所项目经理在对制造企业销售与收款内部控制测试的基础上，制订应收账款的实质性测试程序计划，并分派审计师及审计助理对应收账款和坏账准备的计提实施函证、替代测试、抽取凭证检查等审计程序，从而确定应收账款的审定数。在完成上述审计工作后，项目经理对审计师及审计助理编制的工作底稿进行现场复核。

表 3-57　应收账款的实质性测试

序号	操作步骤	角色	操作内容
1	制订应收账款实质性测试程序计划	项目经理	1. 确定审计目标与认定的对应关系； 2. 选择计划执行的审计程序； 3. 编制应收账款实质性程序工作底稿
2	编制应收账款明细表	审计助理	1. 获取本期应收账款总账、明细账并复核是否一致； 2. 确定客户应收账款的账龄； 3. 请制造企业财务部经理标识重要的欠款单位； 4. 编制应收账款明细表工作底稿
3	函证应收账款	审计师	1. 将客户按应收账款余额特征进行分层，确定函证样本数量，选取函证对象； 2. 选择函证的方式和时间； 3. 编制应收账款函证结果汇总表工作底稿
4	应收账款的替代测试	审计助理	1. 抽取未函证应收账款若干笔，检查后附的原始凭证的完整性、记录的恰当性等； 2. 编制应收账款替代测试表工作底稿
5	坏账准备计算的测试	审计师	1. 明确制造企业坏账准备的计提政策和会计核算要求，评价其恰当性； 2. 在确认应收账款账面余额的基础上，按照恰当的方法重新计算坏账准备本期应计提的金额； 3. 编制应收账款坏账准备计算表工作底稿
6	确定应收账款审定数	审计师	1. 将应收账款函证差异调整表、应收账款替代测试表、应收账款坏账准备计算表等工作底稿中需要进行账项调整的金额过入应收账款审定表工作底稿； 2. 根据本期未审数、账项调整分录计算本期审定数，编制应收账款审定表工作底稿
7	复核工作底稿	项目经理	1. 审核应收账款明细表、应收账款函证结果汇总表、应收账款函证差异调整表、应收账款替代测试表、应收账款坏账准备计算表、应收账款审定表等工作底稿； 2. 在上述工作底稿的复核人处签字

（12）审计结束前的工作，如表 3-58 所示。

审计实质性测试工作结束后，会计师事务所项目经理应制订业务完成阶段的审计计划；汇总已更正错报以及已更正的列报和披露；评价识别出的错报；编制试算平衡表；与管理层和治理层进行沟通；最后评价审计结果，形成审计意见。

表 3-58　审计结束前的工作

序号	操作步骤	角色	操作内容
1	制订业务完成阶段的审计计划	项目经理	1. 确定业务完成阶段的主要工作及每项工作的具体执行人； 2. 编制业务完成阶段审计工作的工作底稿
2	汇总已更正错报以及已更正的列报和披露	审计助理	1. 编制错报累计和评价表工作底稿； 2. 将审计过程的所有工作底稿中已更正的错报进行汇总，编制已更正错报汇总表工作底稿； 3. 将已更正的列报和披露进行汇总，编制已更正的列报和披露汇总表工作底稿
3	汇总未更正错报以及未更正的列报和披露	审计师	1. 将识别出的影响本期财务报表的未更正错报进行汇总，编制未更正错报汇总表工作底稿； 2. 将未更正的列报和披露进行汇总，编制未更正的列报和披露汇总表工作底稿
4	评价识别出的错报	审计师	1. 评价识别出的错报对审计的影响； 2. 编制评价识别出的错报工作底稿
5	编制试算平衡表	审计师	1. 编制资产负债表试算平衡表工作底稿； 2. 编制利润表试算平衡表工作底稿
6	与管理层和治理层进行沟通	项目经理	1. 就审计中发现的与董事会监督财务报告过程责任相关的重大事项与制造企业总经理进行面谈； 2. 编制"与治理层的沟通函"工作底稿； 3. 制造企业总经理在"与治理层的沟通函"中签署意见
7	评价审计结果，形成审计意见	项目经理	1. 认知审计意见类型的种类； 2. 初步确定拟出具的审计报告意见
8	获取管理层声明书并确定日期	审计助理	1. 向制造企业总经理提交未分组错报汇总表、未更正的列报和披露汇总表以及管理层声明书； 2. 制造企业审核后盖章； 3. 接收盖章后的管理层声明书
9	复核审计工作底稿	项目经理	1. 复核错报累计和评价表、已更正错报汇总表、已更正的列报和披露汇总表、未更正错报汇总表、未更正的列报和披露汇总表、资产负债表试算平衡表、利润表试算平衡表等工作底稿； 2. 在上述工作底稿的复核人处签字

（13）出具审计报告，如表 3-59 所示。

审计外勤工作结束后，会计师事务所项目经理召开项目总结会议，讨论审计中发现的重大问题，形成审计结论；逐级对审计工作底稿进行复核；出具审计报告并逐级复核签发，最后将审计报告送达制造企业。

表 3-59 出具审计报告

序号	操作步骤	角色	操作内容
1	召开审计项目总结会	项目经理	1. 确定会议召开的时间和地点以及参加的人员； 2. 确定会议的主要议题
2	撰写审计报告初稿	审计师	1. 确定审计意见类型； 2. 编写审计报告
3	工作底稿的一级复核	审计师	1. 接收全部审计工作底稿并复核； 2. 在业务复核核对表中记录，在审计师复核签字处签字并签署复核日期； 3. 将工作底稿及业务复核核对表提交项目经理复核
4	工作底稿的二级复核	项目经理	1. 接收全部审计工作底稿并复核； 2. 在业务复核核对表的项目经理复核签字处签字并签署复核日期； 3. 将工作底稿及业务复核核对表提交项目质量控制部复核
5	出具审计报告	审计师	1. 根据复核意见修改审计报告措辞； 2. 出具审计报告； 3. 填写审计报告复核签发单中审计报告以及主送和报送单位信息； 4. 将审计报告及审计报告复核签发单提交项目经理进行审核
6	复核审计报告	项目经理	1. 接收并审核审计报告； 2. 在审计报告复核签发单的项目负责人意见处签署"同意"并签字
7	将审计报告送达制造企业	审计助理	1. 填写业务报告客户签收单相关信息并在事务所经办人处签字； 2. 将经过复核同意签发的审计报告送达制造企业； 3. 请制造企业人员接收审计报告并在业务报告客户签收单签字
8	制造企业接收审计报告	制造企业财务部经理	1. 接收审计报告； 2. 在业务报告客户签收单接收单位经办人处签字

（14）审计工作底稿整理归档，如表 3-60 所示。

会计师事务所在审计工作完成后，将所有审计工作底稿进行归类、编号、整理，装订后移交档案室进行保管。

表 3-60 审计工作底稿整理归档

序号	操作步骤	角色	操作内容
1	整理审计工作底稿	审计助理	1. 复核被审单位相关信息； 2. 按照审计工作底稿目录对工作底稿进行分类和编号； 3. 对工作底稿进行归纳整理

续表

序号	操作步骤	角色	操作内容
2	填写审计工作底稿索引目录	审计助理	将对应的工作底稿页码填写在审计工作底稿目录中
3	装订审计工作底稿	审计师	将编制好的审计工作底稿目录以及分类编号的工作底稿一并装订成册
4	审计档案归档保管	审计师	将装订好的审计档案归入档案室进行保管

（15）办理审计收费，如表3-61所示。

会计师事务所在完成审计工作后，按照审计业务约定书的约定，向制造企业开具发票、收取审计费用并办理存入银行的相关手续。

表3-61　办理审计收费

序号	操作步骤	角色	操作内容
1	为制造企业开具审计收费发票	项目经理	1. 开具增值税专用发票； 2. 安排审计助理将增值税专用发票送至制造企业财务部
2	将开具的发票送达制造企业	审计助理	将增值税专用发票送给制造企业财务部的财务会计

（16）物流公司代理记账收费，如表3-62所示。

会计师事务所为物流公司开具增值税专用发票，交至物流公司，物流公司根据收到的增值税专用发票，向会计师事务所支付代理记账费用款项。

表3-62　物流公司代理记账收费

序号	操作步骤	角色	操作内容
1	为物流公司开具代理记账发票	项目经理	1. 开具增值税专用发票； 2. 安排审计助理将增值税专用发票送至物流公司
2	物流公司办理网银转账	物流公司总经理	1. 收到会计师事务所的增值税专用发票，办理网银转账； 2. 到银行打印业务回单

（17）连锁企业代理记账收费，如表3-63所示。

会计师事务所为连锁企业开具增值税专用发票，交至连锁企业，连锁企业根据收到的增值税专用发票，向会计师事务所支付代理记账费用款项。

表3-63　连锁企业代理记账收费

序号	操作步骤	角色	操作内容
1	为连锁企业开具代理记账发票	项目经理	1. 开具增值税专用发票； 2. 安排审计助理将增值税专用发票送至连锁企业
2	连锁企业办理网银转账	连锁企业总经理	1. 收到会计师事务所的增值税专用发票，办理网银转账； 2. 到银行打印业务回单

(18) 物流公司月末账务处理,如表 3-64 所示。

会计师事务所根据物流公司移交的资料、原始凭证编制记账凭证,并根据记账凭证登记总分类账。

表 3-64　物流公司月末账务处理

序号	操作步骤	角色	操作内容
1	编制记账凭证	审计助理	根据物流公司发生经济业务的原始凭证,编制记账凭证
2	登记总账	审计师	依据记账凭证登记总分类账

(19) 连锁企业月末账务处理,如表 3-65 所示。

会计师事务所根据连锁企业移交的资料、原始凭证编制记账凭证,并根据记账凭证登记总分类账。

表 3-65　连锁企业月末账务处理

序号	操作步骤	角色	操作内容
1	编制记账凭证	审计助理	根据连锁企业发生经济业务的原始凭证,编制记账凭证
2	登记总账	审计师	依据记账凭证登记总分类账

(20) 为物流公司编制财务报表,如表 3-66 所示。

根据总分类账数据,会计师事务所审计助理编制利润表和资产负债表。

表 3-66　为物流公司编制财务报表

序号	操作步骤	角色	操作内容
1	编制利润表	审计助理	根据损益账户明细账本期发生额编制利润表
2	编制资产负债表	审计助理	根据资产、负债、所有者权益类账户的期末余额直接或计算、分析填列资产负债表

(21) 为连锁企业编制财务报表,如表 3-67 所示。

根据总分类账数据,会计师事务所审计助理编制利润表和资产负债表。

表 3-67　为连锁企业编制财务报表

序号	操作步骤	角色	操作内容
1	编制利润表	审计助理	根据损益账户明细账本期发生额编制利润表
2	编制资产负债表	审计助理	根据资产、负债、所有者权益类账户的期末余额直接或计算、分析填列资产负债表

(22) 制造企业收到审计费用发票并支付,如表 3-68 所示。

制造企业按照货币资金内部控制的要求,办理付款申请、付款审批、支付复核、办理支付、登记账簿等业务。

表 3-68 制造企业收到审计费用发票并支付

序号	操作步骤	角色	操作内容
1	填写支出凭单	财务会计	1. 根据收到的审计费用发票填写支出凭单； 2. 将填写的支出凭单提交财务部经理审核并签字
2	审核支出凭单	财务部经理	1. 审核支出凭单填写的准确性； 2. 审核支出凭单附件的合法性和真实性； 3. 审核资金使用的合理性； 4. 审核无误签字后交财务会计去出纳处办理付款手续
3	办理网银转账	出纳	1. 审核支出凭单的完整性和真实性； 2. 根据审核后的支出凭单在 VBSE 系统中办理转账； 3. 到银行打印业务回单
4	填制记账凭证	财务会计	1. 根据转账业务回单编制记账凭证； 2. 将记账凭证送财务部经理审核
5	审核记账凭证	财务部经理	1. 接收财务会计交来的记账凭证； 2. 审核记账凭证填写的准确性； 3. 审核无误签字后交出纳登记银行日记账
6	登记银行存款日记账	出纳	1. 依据审核的记账凭证登记银行存款日记账； 2. 登记后将记账凭证返还财务会计
7	登记科目明细账	财务会计	1. 根据审核后的记账凭证登记科目明细账； 2. 记账后在记账凭证上签字或盖章
8	登记总分类账	财务部经理	1. 根据审核后的记账凭证登记总账； 2. 记账后在记账凭证上签字或盖章

3.16.5 实训思考

（1）企业代理记账业务中，会计师事务所如何承接客户？
（2）企业代理记账业务中，会计师事务所如何报税、纳税？

项目4

自主经营

自主经营背景

自主经营阶段，即为各组织自主展开业务的阶段。这一阶段下各组织可以自主决策需要开展哪些业务，可以自由定价，甚至可以自己选择会计制度。这一阶段将由各CEO领导自己的团队在自由竞争的环境下体验商业社会环境中的竞争与合作、生存与发展，进一步提升学生的组织管理能力、创新创业意识，培养其综合管理素质。

项目目标

（1）掌握自主经营操作规则及注意事项。
（2）完成自主经营阶段实训工作任务。
（3）完成自主经营阶段实训工作日志。

项目任务

掌握自主经营规则；完成实训工作任务；完成实训日志。

实训任务 4.1　自主经营操作规则及注意事项

4.1.1　实训目标

（1）学生了解自主经营操作规则。
（2）各组织机构自主经营阶段注意事项。

4.1.2　实训内容

自主经营操作规则；自主经营工作开展注意事项。

4.1.3　实训工具

VBSE 实训系统软件、多媒体教室。

4.1.4　实训内容

1. 自主经营 CEO 须知

（1）作为领导者，首先要考虑的不是你的职位，而是如何统一协调各类生产因素。CEO 需要在熟悉企业经营管理规则的基础上，调度各类资源，调动员工的工作积极性，从而提升企业整体工作业绩。

（2）CEO 应理清楚公司现金流向。现金作为企业的一种资产表现，是企业的血液。为了实现企业的生存和发展，现金的循环运动必须实现现金流量的增长，即增强"造血"功能，和现金周转的顺利，即"供血"功能畅通。企业现金流向如图 4-1 所示，企业现金流入及流出如图 4-2 所示。

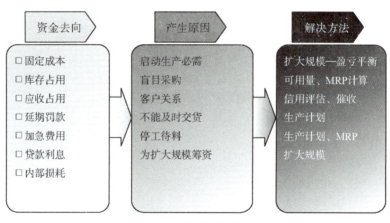

图 4-1　企业现金流向

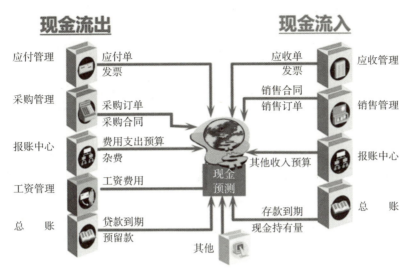

图 4-2 企业现金流入及流出

2. 企业盈利须知

（1）提高销售收入手段。

①提高销售数量或提高销售价格（销售数量取决于生产工人数量、生产设备数量及生产能力、周密的生产计划）。

②发现优质客户（优质客户有哪些特点？优质供应商采购成本低，按期交货，能长期合作，不哄抬物价；优质客户收购价格高，诚信，可长期合作）。

③及时交货（要按照合同约定交货，违约要承担一定违约金，影响企业信誉，不利于客户维持）。

（2）控制运营成本手段。

①发现优质供应商。

②降低采购价格，降低人员成本（人力资源部门要与生产部门充分沟通合作，按需生产，人员冗余的可暂时裁员，节约生产成本）。

③延长付款周期（付款周期及付款方式可在购销合同签订时进行约定，货款可分期支付，减轻企业资金周转压力，延期付款违约的，要支付违约金）。

3. 自主经营操作规则

（1）请注意阅读规则，生产设备不支持混合生产。

（2）服务公司等收款时，需要记录付款人信息和金额。

（3）所有企业无期初的应收款/应付账款，账上记录的数据默认不可收回。

（4）各企业的现金/银行存款，以 2021 年 1 月的初始数据为准。

（5）各企业（包括虚拟企业）间默认无任何已签合同。

（6）库存台账及各财务账页，期初数值不变；将库存台账和各个财务账页的日期改为 2021 年 1 月；2020 年 1 月的训练内容用线划掉，作为练习环节，不进入后续业务处理。

（7）各企业出纳将企业初始现金回到期初数值（第 1 次领的数值）。

（8）已填写过的所有单据/报表等，整理提交给老师。

（9）所有企业无期初的应收账款/应付账款。

（10）温习期初数据。

4. 制造企业自主经营阶段核心岗位工作要点（如表 4-1 所示）

表 4-1　制造企业自主经营阶段核心岗位工作要点

序号	核心部门	工作要点
1	总经理	接多少单企业不亏损？客户订单都交付了吗？钱都收回了吗？钱都花在什么地方？客户货款收回了吗？马上要支出多少？
2	销售部经理	要接多少订单？什么时间能交货？什么时候收款？能赚多少钱？派谁出去谈判？售价是多少？与哪家企业合作？
3	采购部经理	要采购什么？采购多少？什么时间到货？需要多少钱？马上到货多少？
4	生产计划部经理	什么时间交货？需要什么材料？库里有多少？有多少在线？延期罚款多少？哪个订单最紧急？
5	财务部经理	手里有多少现金？马上要回款多少？马上要支出多少？利润多少？要留多少现金才能保证企业正常运营？资金周转天数是多少？资金被谁占用了？
6	人力资源部经理	有多少员工？现有人员能支撑多大的生产规模？如扩大生产规模还需要招聘多少员工？如裁员裁掉几个员工？

5. 自主经营阶段系统操作注意事项

工作任务分为待办任务和日常任务两栏。待办任务做完会消失，表明是现在需要做的工作；日常任务根据企业工作需要，可以重复发起，模拟真实企业的日常工作，例如生产领料。

（1）发起新工作是可以无数次发起的，因此无论点击多少回"完成任务"按钮，该任务始终都会出现在发起新工作中，不会消失。

（2）部分岗位一开始就有待办任务，如纳税申报，这些任务是特定时期的必要任务，因此这些任务不需要发起新工作就存在；但要注意这些任务只能完成一次，不能再次发起。工作任务页面如图 4-3 所示。

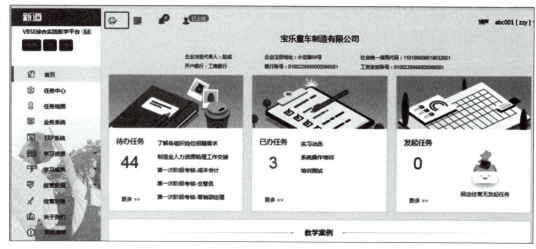

图 4-3　工作任务页面

6. 各企业、机构业务逻辑关系（如图 4-4 所示）

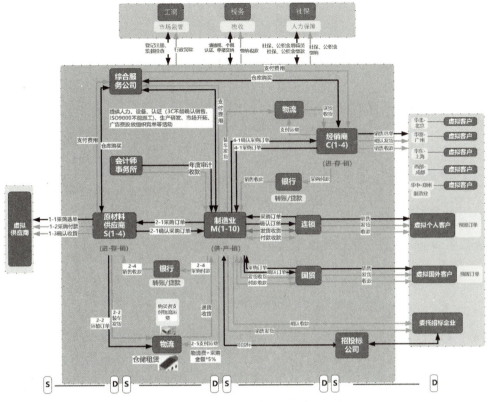

图 4-4　各企业、机构业务逻辑关系

　　VBSE 实训系统中的企业或组织分为三类：制造企业、工贸及商贸企业、外围服务机构。

　　其中，制造企业的上游企业为工贸企业，为制造企业生产提供原材料。工贸企业的上游企业为虚拟工贸企业，实训系统默认的虚拟工贸企业为工贸企业发货，工贸企业选择相应的采购订单后，系统会按照订单约定时间发货以及进行货款回收。

　　制造企业的下游企业包括商贸企业、连锁企业、国际贸易企业。商贸企业购买制造企业的成品童车进行销售并从中赢利。制造企业销售部与下游企业采购部进行谈判议价，在兼顾成本与盈利的前提下，将童车销售给各商贸企业，双方按照购销合同约定时间进行发货及货款回收。

　　外围服务机构为制造企业、工贸和商贸企业业务的开展提供各类服务。

4.1.5　实训思考

　　（1）制造企业与商贸企业经营的本质与核心要素有哪些？
　　（2）企业内部如何做到物流与资金流的协调？
　　（3）如何整合社会资源，扩展企业功能，强化供应链管理？
　　（4）如何优选合作伙伴，实现风险共担、利益共享，共同提高竞争力？

实训任务 4.2　自主经营各企业核心工作解读

4.2.1　实训目标

(1) 了解各企业自主经营阶段的核心工作。
(2) 了解实习工作日志的撰写方法。

4.2.2　实训内容

自主经营阶段的核心工作；实习工作日志撰写。

4.2.3　实训工具

VBSE 实训系统软件、多媒体教室。

4.2.4　实训内容

1. 制造企业自主经营阶段的核心工作

制造企业自主经营阶段可分为月初、月中以及月末三个阶段，每个阶段的核心工作不同，各部门工作要点也不同。月初工作以计划、预算、上月费用支出为主；月中工作围绕月初的各项生产经营计划安排生产；月末工作以总结、核算、盘点、统计分析为主。

(1) 制造企业月初核心工作如表 4-2 所示。

表 4-2　制造企业月初核心工作

序号	核心角色	任务名称	核心工作要点
1	总经理 财务部经理	预算审核签发	财务部经理审核各部门上交的预算表，对数量金额等审核无误签字。总经理审核财务部经理上交的预算表，对预算项目、用途、种类、数量、金额等审核，审核无误签字。签发后各部门遵照执行
2	市场专员	市场营销策划	营销策划是在对企业内部环境加以准确地分析，并有效运用经营资源的基础上，对一定时间内的企业营销活动的行为方针、目标、战略以及实施方案与具体措施进行设计和计划。企业通过对市场、社会环境、法律环境等各种因素的分析，形成一套针对本企业的营销策划方案来指导销售工作，以达到利润最大化。市场专员进行营销策划
3	人力资源助理 人力资源部经理 行政助理 社保公积金专管员	社保增员申报、住房公积金汇缴	按照社会保险法、住房公积金管理条例，用人单位应在自用工之日起 30 日内为职工向社会保险经办机构办理社会保险登记，企业有新员工入职、内部人员调整时，都要进行社保增员申报。企业新进人员、有员工离职、企业有人员调往外地，且调入为以后常驻地，都需要进行住房公积金汇缴变更，填写汇缴变更清册

续表

序号	核心角色	任务名称	核心工作要点
4	财务会计 财务部经理 总经理	制造业增值税计算	根据上月资产负债表、利润表及科目余额表填写增值税纳税申报表，应纳增值税＝销项税额－进项税额。财务会计将纳税申报表送财务部经理审核，报送总经理审批
5	市场专员 营销部经理 总经理	制造业编制营销策划方案	市场专员在前期营销策划基础上，形成营销策划方案，报营销部经理审批，最后报总经理审批
6	人力资源部经理 出纳 财务部经理 银行柜员 财务会计	制造业薪酬发放	向员工支付直接性经济薪酬，人力资源部和财务部协同配合完成。人力资源部系统导出薪酬发放表并填写完整，将薪酬发放表、支出凭单交财务部经理审核签字，出纳据此签发转账支票，财务部经理审核支票，出纳做好登记后去银行代发工资。人力资源部制作工资条发放，财务部各岗位处理该项业务剩余的账目工作

（2）制造企业月中核心工作如表4-3所示。

表4-3 制造企业月中核心工作

序号	核心角色	任务名称	核心工作要点
1	财务会计 财务部经理 出纳	制造企业支付水电费	财务部经理审核各部门上交的预算表，对数量、金额等审核无误签字。总经理审核财务部经理上交的预算表，对预算项目、用途、种类、金额等审核，审核无误签字。签发后各部门遵照执行
2	税务专管员 财务会计	增值税纳税申报	财务会计去税务局申报纳税，税务专管员审核纳税申报表，财务会计去银行缴纳税款，银行柜员将税款入国库，打印回单，财务会计填制记账凭证。

（3）制造企业月末核心工作如表4-4所示。

表4-4 制造企业月末核心工作

序号	核心角色	任务名称	核心工作要点
1	仓储部经理 成本会计 仓管员 财务部经理	库存统计与分析、库存盘点	仓储部经理进行库存统计和分析。成本会计发起盘点通知，通知仓库和相关部门，仓管员收到通知后进行盘点，仓储部经理审核盘点资料，成本会计抽盘复盘，仓管员制作盘盈盘亏报告，仓储部经理审核报告并签字
2	成本会计 财务部经理	车架成本核算、童车成本核算	成本会计将车架成本、童车生产所需的直接材料进行成本核算，财务部经理审核记账凭证，成本会计登记科目明细账
3	财务部经理 财务会计	期末结账	财务部经理编制科目汇总表，财务会计汇总损益类发生额，编制期末结转损益的记账凭证，财务部经理登记总账，出具报表

续表

序号	核心角色	任务名称	核心工作要点
4	人力资源助理 人力资源部经理 财务部经理 总经理 财务会计	薪资核算	月末核算薪资，下月初发放薪资。人力资源助理收集薪资数据并计算薪资，依次经过人力资源部经理、财务部经理、总经理审核签字。人力资源助理将缴费单据交给财务会计，填制记账凭证，财务部经理审核
	出纳 财务部经理	现金盘点	出纳每月末进行现金盘点，清点现金，填写现金盘点表，财务部经理监盘，汇总盘点结果，出纳根据盘点结果填写现金盘点报告单，财务部经理最终审核
	财务会计	整理会计资料	按照业务发生时间将记账凭证、日记账、报表等进行规整，并将各类报表附在最后装订成册归档

2. 工贸企业和商贸企业自主经营阶段的核心工作

工贸企业和商贸企业自主经营阶段同样分为月初、月中以及月末三个阶段，每个阶段核心工作不同，各部门工作要点也不同。月初工作同样以计划、预算、上月费用支出为主；月中工作围绕月初的各项经营计划安排生产；月末工作以总结、核算、盘点、统计分析为主。

3. 外围服务机构自主经营阶段的核心工作

银行、人社局、服务公司、市场监督管理局、税务局、国际贸易企业自主经营阶段的核心工作，按照其工作职责和业务范围开展即可。其中，银行的月末工作重点是由银行柜员进行现金盘点和重要空白单据盘点，该项工作一般贯穿在日常工作业务中，在此不作赘述，属于银行柜员的日常工作职责之一。

4. 工作日志的撰写

为保证实训学习效果，增强学习效果，VBSE 实训中要求填写岗位工作日志。该表格属于自制表格，没有固定格式，用来记录工作内容、落实工作问题、总结工作经验、解决及优化建议等内容。

4.2.5 实训思考

（1）自主经营阶段，各部门如何协调配合？
（2）自主经营阶段，企业各部门如何实现无障碍沟通交流？

供应商行政主管工作日志

项目5

实训总结

实训总结背景

仿真实习结束了,每个人都满载着收获,或许也带着些许的遗憾。这将是你成长中的一段重要经历,是开启你未来职业生涯的新起点。

实习总结是仿真实习的最后一个环节,计入整体实习成绩。作为实习体验的真实写真,通过它你可以与大家分享你内心的点点滴滴,分享你成长的心路历程,它也将作为你一生中最值得记忆的一段经历被永久珍藏……

项目目标

(1) 整理实训物品及材料。
(2) 完成实训工作总结。

项目任务

整理实训物品;完成实训工作总结。

实训任务 5.1　实训总结

5.1.1　实训目标

（1）整理实训物品，做好结课准备。
（2）完成实训课程总结。

5.1.2　实训内容

整理实训物品；实训课程总结。

5.1.3　实训工具

PPT 总结汇报课件、多媒体教室。

5.1.4　实训内容

1. 上交实体材料（如图 5-1 和图 5-2 所示）

图 5-1　实训总结上交的单据

图 5-2　实训总结上交的教具

（1）所有填制过的单据按部门汇总给行政助理，行政助理上交给服务公司。
（2）所有未填制过的单据按部汇总给行政助理，行政助理上交给服务公司。
（3）所有印章上交给服务公司。
（4）所有办公用具（印泥、工作牌等）上交给服务公司。
（5）所有现金、银行卡汇总上交给银行。

2. 上交电子版材料（如图 5-3 所示）

（1）公司章程（制造企业、工贸企业、商贸企业）上交给服务公司。

（2）人事制度（制造企业、工贸企业、商贸企业）上交给服务公司。

（3）薪酬核算表（制造企业、工贸企业、商贸企业）上交给服务公司。

（4）招聘总结（制造企业）上交给服务公司。

（5）工作日志和工作总结（所有人）上交给服务公司。

（6）总结PPT（制造企业、商贸企业、外围服务机构）上交给服务公司。

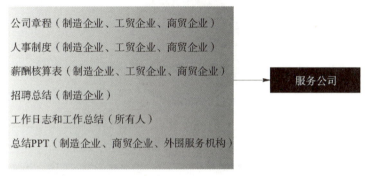

图 5-3　实训总结上交的电子版材料

3. 各企业综合业绩查询

对制造企业、商贸企业自主经营过程中的综合市场占有率、生产完工数量比、产销匹配率进行查询，确定各企业综合业绩。生产完工数量比如图 5-4 所示，各企业综合市场占有率如图 5-5 所示。

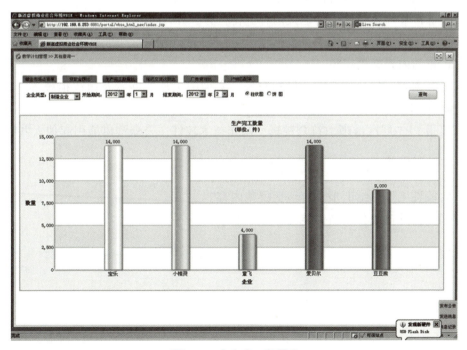

图 5-4　生产完工数量比

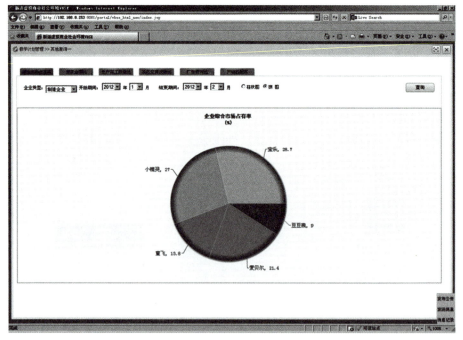

图 5-5 各企业综合市场占有率

4. 进行实训总结

（1）各小组确定总结汇报的顺序，确定汇报人员。
（2）各小组做好总结汇报准备，检查汇报内容，检查音响设备运转是否正常。
（3）各小组按照顺序进行汇报总结。
（4）授课教师给企业代表的汇报内容进行打分，计入考核系统，核算学生最终成绩。

5. 实训总结要求

（1）汇报的内容架构完整。
（2）汇报内容应包括如业绩、目标实现、实训中出现的问题及解决措施等，重在总结团队在实训中的收获与表现。
（3）汇报 PPT 层次清晰、符合逻辑，制作技术较好，公众演讲能引起他人共鸣。

5.5 实训思考

（1）阶段性工作总结汇报，应包括哪些内容？
（2）如何提升自我公众演讲能力？

参 考 文 献

[1] 李爱红，杨松柏. VBSE 跨专业综合实训教程：基于新道 V 综 3.X 平台［M］. 北京：机械工业出版社，2019.

[2] 苗雨君. VBSE 跨专业综合实训教程［M］. 哈尔滨：哈尔滨工程大学出版社，2020.

[3] 杨凤芝. VBSE 财务综合分岗位实训教程——出纳岗位［M］. 北京：高等教育出版社，2016.

[4] 李爱红. VBSE 财务综合实训教程（V2.0 版）［M］. 北京：高等教育出版社，2017.

[5] 卢德湖，赵巧. VBSE 企业综合运营全景演练［M］. 北京：清华大学出版社，2018.

附录 1

VBSE 跨专业综合实训

教师授课手册

××××大学

一、课程介绍

VBSE 跨专业综合实训（以下简称 V 综）通过对现代制造业与现代服务业进行全方位的模拟经营及管理，为学生创造多类社会组织中不同职业岗位的"工作"机会，训练其在现代商业社会中从事经营管理所需的综合执行能力、综合决策能力和创新能力。

二、手册作用

1. 帮助教师熟悉 V 综课程体系与标准化教学方法；
2. 帮助教师熟悉 V 综系统操作，掌握标准授课方案，能够独立承担 V 综授课。

三、课程授课关键教学环节

教学环节一：课程开始前的各项准备工作，逐项核查；
教学环节二：激发学生对课程的兴趣，引导学生组建团队；
教学环节三：进行 VBSE 系统操作培训，督促学生上岗；
教学环节四：引导学生读取期初数据；
教学环节五：解析第一讲关键任务，介绍业务整体流程；
教学环节六：解析第二、三、四讲关键任务，总结固定数据阶段工作；
教学环节七：考察学生关键技能掌握情况，准备做好自主经营工作；
教学环节八：布置学生自主经营，过程中给予必要的指导；
教学环节九：进行结课准备，进行课程总结，物化教学成果。
V 综课程中的重点和难点一览表如表 1 所示。

表 1　V 综课程中的重点和难点一览表

序号	内容	原因	解决方法
1	实训准备	不难但是繁杂，涉及很多事项	使用 Excel 核查表
2	实训动员	需要激发热情，还要转变观念激情型老师	好的案例、PPT
3	期初建账	不明白期初意义，部门数据分散	全班统一考核题、岗位考题
4	生产流程	流程比较复杂，涉及岗位太多	建议使用关键词卡片排序
5	销售流程	流程比较复杂，涉及岗位太多	建议使用关键词卡片排序
6	采购流程	流程比较复杂，涉及岗位太多	建议使用关键词卡片排序
7	五险一金、纳税申报	计算不难，难的是找到基数	全班统一讲授
8	各类计划	做计划掌握逻辑起点	以一个完整案例系统串讲
9	结账工作	账目来源、结账方法都不易掌握	完整案例系统串讲
10	忙闲不均	不同岗位之间忙闲不均	作业调节——可变任务驱动
11	课程评价	没有考试，团队评价与个人评价	多元评价

(一) 教学环节一：课程开始前的各项准备工作，逐项核查

1. 备场地（教室装修实训环境+现代媒体创设授课情境）

准备 1：情境化设计和布置授课场地环境。

准备 2：确定核心企业、外围服务机构等落座位置。

准备 3：确定进行全班实习动员（课程总结）的场所。

准备 4：确定各企业进行企业文化建设、创作企业文化墙 Logo 展示的位置。

2. 备环境（服务器+客户端+网络环境）

（1）授课材料准备（教具箱、单据、道具币、办公用品）。

（2）打印材料准备（打印课程所需的各种材料）。

（3）检查服务器（VBSE 系统）。

（4）检查客户端（能否访问服务器、能否打开相应的课件和材料）。

（5）检查网络环境。

3. 备系统（确定企业规模+外围服务机构等参数）

（1）录入学院信息。

（2）录入系别信息。

（3）录入班级信息。

（4）教学计划下达。

（5）课程参数设置——计算和规划。

4. 备学生（录入学生信息，搜集学生专业和基础情况）

（1）在 VBSE 系统中下载学生信息模板（一定要按照模板进行信息的填写）。

（2）导入学生信息（提前导入信息，便于后续课程的开展）。

（3）思考 CEO 的产生办法（包括直接指定/学生选举）。

（4）备师资（确定主讲教师+任务分工）。

（5）师资团队。

（6）任务分工。

（7）备教学计划（教学时长+节奏把控）。

（8）教学时长（多少次课，每次课一般不少于 8 节，至少 6 节课）。

（9）自主经营时长（自主经营就是让学生自己进行决策、模拟）。

（10）是否加入信息化（使用 U8）。

（11）节奏把控（根据学生基础的不同，决定学习的进度）。

(二) 教学环节二：激发学生对课程的兴趣，引导学生组建团队

1. 实习动员，引导学生转变为员工（进行宣传、鼓动）

（1）实习动员：系统讲解课程概貌、培养目标、课程构成、教具简介等。

（2）鼓励报名竞选企业总经理（CEO）和银行、服务公司等组织负责人。

（3）所有的授课教师站立讲台前，由主讲教师为学生介绍各位教师。

（4）主讲教师介绍招聘场地，明确招聘要求。

2. 引导学生进行综合测评，辅助学生制作简历

（1）主讲教师登录教师端推送综合测评任务，组织学生测评。

（2）主讲教师巡场，助教配合主讲教师发放简历。

（3）讲解简历制作的要点和注意方式。

3. 引导各个参与竞选的 CEO 候选人进行竞选演讲，组织学生投票

（1）VBSE 系统里录入 CEO 候选人。

（2）以银行/税务局/市场监督管理局/服务公司/商贸企业/供应商/制造企业为顺序（每人 2 分钟）进行演讲。

（3）主讲教师督促学生尽快在 VBSE 系统中完成投票。

（4）宣布各企业 CEO 和组织的结果。

（5）教给 CEO 如何成立自己的团队（搜集素材+注意记录）。

（6）主讲教师准备银行/政务服务机构/服务公司教材并下发。

（7）主讲教师安排已当选的 CEO 招聘自己企业的人力资源部经理（CHO）。

（8）应聘岗位记录表如何填写。

（9）CEO/CHO 张贴好招聘海报后开始招聘（海报要收集）。

（10）CEO 和 CHO 开始招聘。

（11）助教准备服务公司/政务服务机构/银行所用的单据/公章/企业经营资质及虚拟钱币并下发。

（12）主讲教师组织政务服务机构/银行/服务公司进行培训，通过教材让学生重点阅读各岗位的职能工作，并指定遇到问题时找哪位教师。

4. 培训系统的使用方法

讲解系统使用的方法。

（三）教学环节三：进行 VBSE 系统操作培训，督促学生上岗

1. 确保所有人员上岗

（1）主讲教师启动大纲"期初建账及第 1 阶段考核"并推送第 1 个任务"自主维护岗位信息"。

（2）确保所有学生都找到了工作，所有组织都招够了人。

（3）如有岗位不对应的，用 10 分钟时间教师进行指导。

2. 领取办公用品

（1）主讲教师推送"领取和发放办公用品"任务，助教协助主讲教师将各类实训物品下发，主讲教师准备好教材。

（2）学生可根据系统里的办公用品清单将教材/公章/单据分配到岗位。

（四）教学环节四：引导学生读取期初数据、建账

1. 期初数据、建账

（1）主讲教师介绍期初为什么要建账，期初账谁来建，期初账怎么建。

(2) 主讲教师推送各岗位读懂期初数据或期初建账的全部任务。

(3) 主讲教师可以强调各岗位需要建立的主要账表。

(4) 根据学生专业知识的掌握程度，需要会计、工商管理等不同专业的助教给不同岗位以指导。

(5) 主讲教师可以要求、指导各企业 CEO 和部门经理检查本企业或部门期初建账的情况，也可以安排不同企业、相同岗位人员互查期初建账的情况。

2. 系统操作：学生读取期初数据、建账

下列问题中目前时间设置为 2020 年 1 月 1 日。

(1) 童车企业的总经理，目前企业有几个部门？总资产有多少？其中，固定资产总额有多少？

(2) 童车企业的销售经理，目前有哪些销售订单已签订，已发货，未收款？有哪些销售订单已签订，未发货？

(3) 童车企业的采购经理，目前有哪些采购订单已签订，已到货，未付款？有哪些采购订单已签订，未到货？

(4) 童车企业的仓储经理，目前有哪些库存物料？数量各是多少？

(5) 童车企业的生产经理，目前有几种生产线？各多少条？目前有哪些在产品？各多少？目前能够生产哪些产品？这些产品需要哪些原材料？

(6) 童车企业的人力资源经理，每个月的月底（25 日）进行薪酬的计算工作，是当月发工资还是等到下个月的月初（5 日）才发工资？

(7) 童车企业的财务经理，目前公司现金有多少？银行存款有多少？目前有哪些客户的钱可以提醒销售部收款了？欠哪些供应商的钱，有现在需要付的吗？

(8) 供应商的总经理，目前企业总资产有多少？

(9) 供应商的业务主管，目前有哪些销售订单已签订，已发货，未收款？有哪些销售订单已签订，未发货？

(10) 商贸企业的总经理，目前企业总资产有多少？

(11) 商贸企业的业务主管，目前有哪些采购订单已签订，已到货，未付款？有哪些采购订单已签订，未到货？

（五）教学环节五：解析第一讲关键任务，介绍业务整体流程

1. 关键任务

(1) 制造企业：6 个部门的借款任务、采购入库、完工入库、货款回收、材料款支付、查询工人信息、薪酬发放、公章印鉴管理制度。

(2) 商贸企业：货款支付、开发新市场、客户签订代发工资协议书。

(3) 供应商：货款回收、销售发货、供应商签订代发工资协议书。

(4) 银行：个人银行批量开卡。

(5) 其他：了解各类单据编号填写规则。

2. 介绍业务整体流程

（1）主讲教师介绍：第一讲中，各个组织机构的难点、重点任务。

（2）以借款任务为例，主讲教师介绍完成该任务的要求和系统操作。

（3）主讲教师给制造企业的人力资源部经理、商贸企业行政主管、供应商行政主管强调薪酬发放任务，如何保证 Excel 的格式没有丝毫改变，以便系统识别。

（4）主讲教师启用大纲，推送第一讲的全部任务。

（5）主讲教师和助教组织教学，解答学生有代表性的问题。

（6）主讲教师检查学生第一讲中关键任务的完成情况，如有问题，给予指导。

（7）主讲教师根据学生完成进度，及时督促，保证第二讲任务的开始。

3. 第一讲关键任务

（1）核心制造薪酬发放：制造企业按照要求完成薪酬发放任务，由银行导入企业职工名单，进行工资代发。

（2）商贸企业货款支付：要求按照任务要求开具转账支票，并将转账支票支付给制造企业。

（3）制造企业货款回收：要求完成该任务。该任务中"银行转账"，由银行柜员在 VBSE 系统中进行转账操作（要能看到付款方、收款方、付款金额）。

（4）供应商销售发货：要求完成该任务，在系统中处理销售发货页面（要能看到发货的销售订单）。

（5）制造企业采购入库：要求完成该任务，在系统中处理采购到货页面（要能看到到货的采购订单）。

（6）车架完工入库：要求完成该任务，进行 VBSE 系统中处理完工入库任务操作（要能看到已完工的生产订单）。

（7）商贸企业开发新市场。

（六）教学环节六：解析第二、三、四讲关键任务，总结固定数据阶段工作

1. 第二讲关键任务

（1）制造企业：与客户签订合同、录入销售订单（与商贸企业）、制造企业社会保险增员申报、住房公积金汇缴、五险一金计算、五险一金财务记账、增值税计算、增值税申报、编制主生产计划、编制物料净需求计划、编制采购计划、购买办公用品。

（2）商贸企业：商贸企业确认制造企业订单、商贸企业投放广告申请、商贸企业签订广告合同、客户广告费财务报销、商贸企业签订销售订单、商贸企业销售发货、商贸企业货款回收、商贸企业签订同城委托收款协议（社保和公积金）。

（3）供应商：供应商签订同城委托收款协议（社保和公积金）。

2. 介绍业务整体流程

（1）主讲教师启用大纲，推送第二讲的全部任务。

（2）第二讲中各组织都需要完成的任务有五险一全的计算和缴纳、增值税的计算和申报、同城委托收款协议等。主讲教师要注意这些任务中难点的答疑。

（3）主讲教师和助教组织教学，解答学生有代表性的问题。

（4）主讲教师检查学生第二讲中关键任务的完成情况，如有问题，给予指导。

（5）主讲教师根据学生完成进度，及时督促，保证第三讲任务的开始。

3. 第三讲关键任务

（1）制造企业：与供应商签订采购合同、录入采购订单（与供应商）、编制采购合同草案、编制销售发货计划、编制设备需求计划、编写营销策划方案、培训费报销。

（2）商贸企业：薪酬发放、培训费报销。

（3）供应商：确定制造企业订单、薪酬发放、培训费报销。

（4）银行：打印分拣票据。

（5）服务公司：培训调研、组织在职人员培训。

（6）税务局：税收征管一般程序、税务基本知识讲解。

（7）人社局：社会保险基础知识讲解。

（8）全体：企业文化建设——企业电子报刊制作。

（9）介绍业务整体流程。

（10）主讲教师启用大纲，推送第三讲的全部任务。

（11）第三讲服务公司需要调研各组织的培训需求，并组织培训。主讲教师可以要求各组织自行填报培训需求，也可以选择难点任务强制培训。

（12）主讲教师和助教组织教学，解答学生有代表性的问题。

（13）主讲教师检查学生第三讲中关键任务的完成情况，如有问题，给予指导。

（14）主讲教师根据学生完成进度，及时督促，保证第四讲任务的开始。

4. 第四讲关键任务

（1）制造企业：生产领料车架开工、机加车间生产派工、生产领料童车组装、组装车间生产派工、销售发货、办公费报销、查询工人信息、考勤汇总查询、薪酬核算、增值税抵扣联认证、库存盘点、现金盘点、计提折旧、制造费用分配、车架成本核算、童车成本核算、期末结转销售成本、期末结账。

（2）商贸企业：销售发货、货款回收、采购入库、考勤汇总查询、薪酬核算、库存盘点、现金盘点、计提折旧、期末结转销售成本、期末结账、编制报表。

（3）供应商：下达采购订单、采购入库、支付货款、考勤汇总查询、薪酬核算、库存盘点、现金盘点、计提折旧、期末结转销售成本、期末结账、编制报表。

（4）银行：社会保险缴纳、公积金缴纳、银行日终结账、查询企业银行存款余额、营业前现金盘点、营业前重要空白单据盘点、营业终现金盘点、营业终重要空白单证盘点。

（5）服务公司：争先创新评比——营销策划方案总结、采购合同草案总结、招聘工作总结。

（6）税务局：税务稽查。

（7）人社局：检查企业社保缴纳情况、查询住房公积金缴纳情况。

（8）全体：期末结账知识讲解。

（9）介绍业务整体流程。

（10）主讲教师启用大纲，推送第四讲的全部任务。

（11）第四讲各组织主要完成月末结账，主讲教师要注意这些任务中难点的答疑。

（12）主讲教师和助教组织教学，解答学生有代表性的问题。

（13）主讲教师检查学生第四讲中关键任务的完成情况，如有问题给予指导。

（七）教学环节七：考察学生关键技能掌握情况，准备做好自主经营工作

1. 考察学生关键技能掌握情况

（1）通过第四讲的操作，学生要能够熟练应用系统，理解自己所在组织的业务，了解本组织下一步的经营方向。

（2）主讲教师主要考察学生对本组织的业务开展流程是否掌握，可以布置任务，要求各组织画出本组织的业务开展流程图。

2. 准备自主经营

（1）主讲教师要确认学生已经掌握了系统操作和业务开展的关键技能。

（2）主讲教师要完成自主经营的系统准备，包括设置授课指南、切换数据进入自主经营、修改虚拟日期、启用大纲、推送任务等。

（3）主讲教师要明确，自主经营阶段的期初数据与固定数据阶段数据一致，需要组织学生调整银行存款、库存现金、在产品记录等。

（八）教学环节八：布置学生自主经营，过程中给予必要的指导

1. 布置自主经营

（1）主讲教师要让学生明确自主经营开始的虚拟日期。

（2）主讲教师组织学生将现金、银行存款、单据调整到自主经营开始的状态。

（3）主讲教师要告诉学生自主经营比固定数据时的自主权大扩到了哪些，包括抢订单、开发新产品、买卖设备、租用仓库和厂房、招解聘等。

（4）主讲教师要告知学生待办任务和日常任务的联系和区别。

2. 准备自主经营

（1）主讲教师可以根据学生对企业业务的掌握程度，建议学生的自主经营从哪些任务入手。

（2）主讲教师和助教组织教学，解答学生有代表性的问题。

（3）主讲教师检查学生关键任务的完成情况，如有问题，给予指导。

（4）主讲教师可以查询各个企业的经营情况。

（5）主讲教师根据学生完成进度，及时督促，一次推送自主经营月初任务、月中任务、月末任务。

（九）教学环节九：进行结课准备，进行课程总结，物化教学成果

（1）在课程刚开始的时候，要提醒学生注意在实训过程中搜集资料、拍摄素材照片，注意保存过程性工作资料。

（2）在课程总结前要给学生布置好课程总结任务。

（3）根据需要，选择提供学生 PPT 模板、实验报告模板。

（4）根据需要，选择是否框架性为学生的报告提出大纲要求。

（5）作品汇集与集中总结。

（6）在总结前将所有的课件集中，提前查看效果，然后确定总结分享顺序。

（7）课堂分享时，根据情况可以设置提问、教师点评或者同伴点评等环节。

（8）成果物化，延续教学。

（9）考虑将学习过程中的单据、作品、报告文档化和物化。

（10）考虑整理加工拍摄课程中的视频。

（11）考虑通过网络笔记、通信工具等加以分享。

附录 2

VBSE 跨专业综合实训

学生学习手册

××××大学

一、课程整体介绍

VBSE（Virtual Business Social Environment）的中文意思是虚拟商业社会环境，是一种跨专业综合实践教学平台，通过对真实商业社会环境中典型单位、部门与岗位的系统模拟，让学生体验身临其境的岗前实训，认知并熟悉现代商业社会内部不同组织、不同职业岗位的工作内容和特性，培养学生从事经营管理所需的综合执行能力、综合决策能力和创新能力，使其具备全局意识和综合职业素养。综合实训三大基本目标定位是培养高潜质、有全局观的实务型岗位人员。

（1）能够根据业务岗位要求，填报与业务流程相关的单据、表格，熟悉该岗位日常工作要求与常用表单的逻辑关系。

（2）理解岗位业务处理的上下游部门合作关系，及对其他业务可能造成的影响。

（3）理论结合实际，增加院校教学对企业实践和企业业务的认知，了解真实企业中的典型岗位和典型业务流程。

（4）体验和感受企业的思考方法和业务培训方法，了解当前毕业生与企业用人之间的能力差距。

（5）能够针对较为前沿的管理目标综合应用管理知识，提出对业务的优化建议。

VBSE课程提供企业运营模拟实习的引导系统和相关教学环境，让学生在自主选择的工作岗位通过完成岗位工作任务，学会基于岗位的基本业务处理，体验基于岗位的业务决策，理解岗位绩效、组织绩效之间的关系；真实感受企业三流之间（物流、信息流、资金流）起承转合的过程；全面认知企业经营管理活动和主要业务流程；体验企业职能部门间协作关系以及与外围相关经济组织和管理部门之间的业务关联。学生通过教学反复练习，进而形成符合现实经济活动要求的行为方式、智力活动方式和职业行为能力，达到全面认知企业、体验岗位职责的要求。

二、虚拟商业社会环境

企业是社会经济的基本单位，企业的发展受自身条件和外部环境的制约。企业的生存与企业间的竞争不仅要遵守国家的各项法规及行政管理规定，还要遵守行业内的各种约定。在开始企业模拟竞争之前，各岗位工作人员必须了解并熟悉这些规则，才能做到合法经营，才能在竞争中求生存、求发展。

生产制造企业仿真业务规则是企业管理全景仿真的主体企业——生产制造企业开展生产经营活动时必须共同遵守的行业规则。

三、制造企业经营规则

（一）仓储规则

1. 仓库

在期初交接的时候，制造企业拥有一座普通仓库，普通仓库用于存放产成品、半成品、原材料。

（1）仓库信息如表1所示。

表 1　仓库信息

仓库名称	仓库编码	可存放物资
普通仓库		原材料：钢管、坐垫、车篷、车轮、经济型童车包装套件
		半成品：经济型童车车架
		产成品：经济型童车

（2）仓库容量信息如表 2 所示。

表 2　仓库容量信息

仓库类型	使用年限	仓库面积/m²	仓库容积/m³	仓库总存储容积	售价/万元
普通仓库	20	500	3000	300000	540

（3）普通仓库可存放物资种类与数量信息如表 3 所示。

表 3　普通仓库可存放物资种类与数量信息

存货编码	存货名称	存货占用存储容积
P0001	经济型童车	10
M0001	经济型童车车架	10
B0001	钢管	2
B0003	坐垫	4
B0005	车篷	2
B0006	车轮	1
B0007	经济型童车包装套件	2

存货办理入库后立即占用仓库容量，办理出库后立即恢复仓库容量。制造企业在办理领料的时候不会恢复仓库容量，在派工之后才会恢复仓库容量。

2. 原材料及产成品

仓储部负责原材料及产成品的原材料采购入库、生产领料出库、生产完工入库、产成品销售出库和保管工作。

在制造企业中原材料只用于采购、生产领料中，不能进行销售；半成品只用于完工入库和生产领料中，不能进行销售；产成品只用于完工入库和销售中，不能进行采购。

（1）原材料用途及信息如表 4 和表 5 所示。

表 4　原材料用途

物料名称	物料编码	单位	规格	用途
钢管	B0001	根	Φ外 16/Φ内 11/L5000（mm）	采购、生产领料
坐垫	B0003	个	HJM500	
车篷	B0005	个	HJ72×32×40	
车轮	B0006	个	HJΦ外 125/Φ内 60（mm）	
经济型童车包装套件	B0007	套	HJTB100	

表 5 原材料信息

物料名称	物料编码	单位	规格	（相对制造企业）来源
钢管	B0001	根	Φ外16/Φ内11/L5000（mm）	外购
坐垫	B0003	个	HJM500	外购
车篷	B0005	个	HJ72×32×40	外购
车轮	B0006	个	HJΦ外125/Φ内60（mm）	外购
经济型童车包装套件	B0007	套	HJTB100	外购

（2）半成品信息如表 6 所示。

表 6 半成品信息

物料名称	物料编码	单位	规格	（相对制造企业）来源
经济型童车车架	M0001	个	无	自制

（3）产成品信息如表 7 所示。

表 7 产成品信息

物料名称	物料编码	单位	规格	（相对制造企业）来源
经济型童车	P0001	辆	无	自制

3. 物料清单

（1）经济型童车产品结构如图 1 所示。

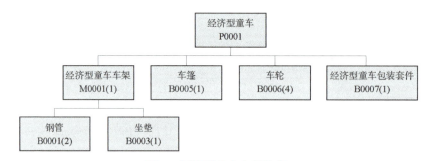

图 1 经济型童车产品结构

（2）经济型童车产品物料清单如表 8 所示。

表 8 经济型童车产品物料清单

结构层次	父项物料	物料编码	物料名称	规格型号	单位	用量	（相对制造企业）备注
0		P0001	经济型童车		辆	1	自产成品
1	P0001	M0001	经济型童车车架		个	1	自产半成品
1	P0001	B0005	车篷	HJ72×32×40	个	1	外购原材料
1	P0001	B0006	车轮	HJΦ外125/Φ内60（mm）	个	4	外购原材料
1	P0001	B0001	经济型童车包装套件	HJTB100	套	1	外购原材料
2	M0001	B0001	钢管	Φ外16/Φ内11/L5000（mm）	根	2	外购原材料
2	M0001	B0003	坐垫	HJM500	个	1	外购原材料

（二）生产规则

在虚拟商业社会中只有制造企业开展生产工作。企业生产离不开厂房、生产设备等基本生产场地及生产设施。在 VBSE 实训系统中制造企业期初交接时，制造企业拥有一座大厂房，大厂房内安装 10 台普通机床和 1 条组装生产线，且各设备无损坏，运行良好。

1. 厂房规则

（1）厂房信息如表 9 所示。

表 9　厂房信息

厂房类型	价值/万元	使用年限	容量	面积/m²
大厂房	720	20	20 台机床位	500

（2）期初交接的大厂房经营期间不得出售。

（3）在经营过程中，如遇厂房容量不足的情况可以向服务公司进行购买，服务公司只提供小厂房。厂房容量与安装设备数量之间的关系如下：

①1 个机床位可以安装 1 台普通机床；
②2 个机床位可以安装 1 台数控机床；
③4 个机床位可以安装 1 台组装流水线。

（三）设备规则

（1）设备信息如表 10 所示。

表 10　设备信息

生产设备	购置费/万元	使用年限	折旧费/（元/月）	维修费/（元/月）	生产能力/（台/虚拟1天） 经济型童车	出售
普通机床	21	10			500	按账面价值出售
组装流水线	51	10			7000	

①企业根据生产经营状况，可以向服务公司随时购买生产设备。
②设备安装周期：虚拟 1 天。
③折旧：生产设备按月计提折旧。企业所得税法规定：火车、轮船、机器、机械和其他生产设备，折旧年限为 10 年，购买当月不计提折旧。
④电费收费标准：1.5 元/千瓦时，日常电费忽略不计。
⑤普通机床耗电 1478.4 千瓦时/月，组装流水线耗电 4329.6 千瓦时/月，数控机床耗电 2640 千瓦时/月。
⑥管理部门忽略不计。

（2）生产设备对生产工人的要求如表 11 所示。

表 11　生产设备对生产工人的要求

设备	人员级别	要求人员配置数量
普通机床	初级	2
组装流水线	初级	5
	中级	15

（3）生产设备生产各种童车的能力如表 12 所示。

表 12　生产设备生产各种童车的能力

设备名称	产品	定额生产能力/ （台数×单台生产产能/虚拟 1 天）	所属部门
普通机床	经济型童车车架	10×500	生产计划部
组装流水线	经济型童车	1×7000	生产计划部

（四）产能规则

（1）生产设备根据各自生产能力进行派工，派工时，派工数量应小于等于该设备的生产能力。

（2）派工时，一条生产线只允许生产一个品种的产品，必须等该资源产能全部释放后才允许安排不同种类的产品生产。

（3）派工时，需要根据产品的物料清单检查原材料是否齐套，原材料没有达到齐套要求，不能派工。

注：齐套是指要生产某一产品时，产品物料清单中所需的材料、用量都达到要求。

（五）工艺规则

工艺路线是指企业各项自制件的加工顺序和在各个工序中的标准工时定额情况，也称为加工路线。它是一种计划管理文件，主要用来进行工序排产和车间成本统计。工艺路线如表 13 所示。

表 13　工艺路线

工序	部门	工序描述	工作中心	加工工时
10	生产计划部-机加车间	经济型童车架加工	普通（或数控）机床	虚拟 1 天
20	生产计划部-组装车间	经济型童车组装	组装生产线	虚拟 1 天

（六）ISO 认证

制造企业进行生产前，首先进行 ISO 9000 的资质认证。制造企业生产计划部需要前往服务公司办理本企业的 ISO 9000 资质认证的业务，具体费用为 50000 元/次，认证一次即可。

（七）采购规则

在 VBSE 实训系统中，制造企业的原材料采购只能从工贸企业（供应商）进行采购，不能从其他类型的企业进行采购。

原材料信息如表 14 所示。

表 14　原材料信息

存货编码	存货名称	规格	计量单位	存货属性	市场供应平均单价/元	市场供应平均含税单价/元
B0001	钢管	Φ外16/Φ内11/L5000（mm）	根	外购	104.59	121.33
B0003	坐垫	HJM500	个	外购	78.88	91.50
B0005	车篷	HJ72×32×40	个	外购	141.98	164.70
B0006	车轮	HJΦ外125/Φ内60（mm）	个	外购	26.29	30.50
B0007	经济型童车包装套件	HJTB100	套	外购	89.39	103.70

此处的增值税率为 13%。

采购双方需要签订纸质购销合同，制造企业根据购销合同在系统中填制采购订单，由工贸企业进行确认，确认后工贸企业发货，制造企业接货入库，双方再根据购销合同中的结算约定进行收付款。

（八）销售规则

制造企业销售童车给经销商、连锁经营类型企业，不得销售给其他类型企业，须与经销商、连锁经营类型企业签订购销合同并在系统中录入订单相关信息，订单相关信息作为系统中发货、结算的依据。

存货编码如表 15 所示。

表 15　存货编码

存货编码	存货名称	单位	规格	市场平均含税单价/元
P0001	经济型童车	辆	无	1011.00

注：市场平均含税单价是根据历史数据估算出来的，仅供参考。

（九）财务规则

在会计分期假设下，企业的会计期间分为年度和中期。此案例的会计期间是月度（2020 年 1 月），虚拟财务工作日为 5 日与 25 日。

结算方式采用现金结算、转账支票和电汇三种方式。原则上，日常经济活动，低于2000元的可以使用现金，超过 2000 元的一般使用转账支票结算（差旅费或个人业务费除外），转账支票用于同一票据交换区内的结算。异地付款一般采用电子转账的方式。

1. 税种类型

（1）增值税：销售货物和购进货物增值税率均为 13%。

（2）企业所得税：按利润总额的 25% 缴纳。

（3）个人所得税：如表 16 所示。

表 16 个人所得税税率

级数	全年应纳税所得额	税率/%
1	不超过 36000 元的	3
2	超过 36000 元至 144000 元的部分	10
3	超过 144000 元至 300000 元的部分	20
4	超过 300000 元至 420000 元的部分	25
5	超过 420000 元至 660000 元的部分	30
6	超过 660000 元至 960000 元的部分	35
7	超过 960000 元的部分	45

注：本表所称全年应纳税所得额是指居民个人全年取得综合所得，以每一纳税年度收入额减除费用 6 万元以及专项扣除、专项附加扣除和依法确定的其他扣除后的余额。

（4）城市建设维护税：增值税税额的 7%。

（5）教育费附加：增值税税额的 3%。

2. 存货计价

存货核算按照实际成本核算。原材料计价采用实际成本计价，材料采购按照实际采购价入账，材料发出按照全月一次加权平均计算材料成本。

全月一次加权平均相关计算：

材料平均单价 =（期初库存数量×库存单价+本月实际采购入库金额）/

（期初库存数量+本月实际入库数量）

材料发出成本 = 本月发出材料数量×材料平均单价

记账凭证账务处理程序：根据各种记账凭证逐笔登记总分类账。

3. 固定资产取得方式及折旧

固定资产均通过购买的方式取得。固定资产购买当月不计提折旧，从次月开始计提折旧，出售当期须计提折旧，下月不计提折旧。固定资产折旧按照直线法计提。折旧相关信息如表 17 所示。

表 17 折旧相关信息

固定资产名称	使用期限/月	开始使用日期	原值/元	残值/元	月折旧额/元
办公楼	240	2018.9.15	12000000.00	600000.00	47500.00
普通仓库	240	2018.9.15	5400000.00	270000.00	21375.00
大厂房	240	2018.9.15	7200000.00	360000.00	28500.00
普通机床（机加工生产线）	120	2018.9.15	210000.00	—	1750.00
组装生产线	120	2018.9.15	510000.00	—	4250.00
笔记本电脑	48	2018.9.15	6000.00	—	125.00

4. 制造费用的归集及分配

各生产车间发生的各项直接费用和共同发生的间接费用分配计入制造费用（车间发生直接费用分别计入制造费用—×车间，间接费用按分配标准分配后再计入各车间制造费用中）。生产计划部发生的各项费用计入制造费用，例如管理人员的工资、固定资产的折旧、办公费等。

5. 成本核算规则

产品成本包括直接材料、直接人工和制造费用。

产成品和半产品之间费用的分配方法：半产品所耗原材料计算法。月末半产品只计算其所耗用的原材料费用，不计算制造费用和人工费用，即产品的加工费用全部由产成品负担。

6. 成本归集规则

直接材料成本归集按照材料出库单的发出数量×平均单价。人工成本为当月计算的生产车间的生产工人工资。

7. 半成品核算规则

车架为半成品，车架核算的范围为车架原材料，生产车架发生的人工费、制造费，以及分摊的相关生产制造费用。

产品之间费用分配：如果同一车间生产不同产品，以各产品完工数量为分配标准，分配该车间制造费用。

8. 坏账损失

（1）制造企业采用备抵法核算坏账损失。

（2）坏账准备每年按照年末应收账款账户余额的3%提取。

已经确认为坏账损失的应收账款，并不表明公司放弃收款的权利。如果未来某一时期收回已作坏账的应收账款，应该及时恢复债权，并按照正常收回欠款进行会计核算。

9. 利润分配

公司实现当期利润，应当按照法定程序进行利润分配。根据公司章程规定，按照当期净利润的10%提取法定盈余公积金；根据董事会决议，自行提取任意盈余公积金。

10. 票据使用规则

（1）企业使用的支票必须到银行购买使用，任何企业和个人不得自制支票。

（2）从银行取得的支票，发生的费用计入财务费用中。

（3）企业制定完善的票据使用登记制度，记入支票登记簿，以备检查。

（4）企业为一般纳税人开具增值税专用发票。

（5）取得的增值税专用发票，增值税进项税额需要进行申报、抵扣联认证、缴纳。

（6）购销双方的结算必须以增值税专用发票为依据，不取得发票的不能进行结算。

（7）税务局定期检查发票的使用情况，税务局有权对发票使用不合法企业进行行政罚款。

（十）人力资源规则

1. 人员信息（如表 18 所示）

表 18　人员信息

部门	岗位名称	岗位级别	在编人数	直接上级
企业管理部	总经理（兼企管部经理）	总经理	1	董事会
	行政助理	职能管理人员	1	总经理
营销部	营销部经理	部门经理	1	总经理
	销售专员	职能管理人员	1	部门经理
	市场专员	职能管理人员	1	部门经理
生产计划部	生产计划部经理	部门经理	1	总经理
	初级工人	工人	25	车间管理员
	中级工人	工人	15	车间管理员
仓储部	仓储部经理	部门经理	1	总经理
采购部	采购部经理	部门经理	1	总经理
人力资源部	人力资源部经理	部门经理	1	总经理
财务部	财务部经理	部门经理	1	总经理
	出纳	职能管理人员	1	部门经理
	财务会计	职能管理人员	1	部门经理
	成本会计	职能管理人员	1	部门经理

2. 薪酬信息（如表 19 所示）

表 19　薪酬信息

人员类别	月基本工资
总经理	12000.00 元
部门经理	7500.00 元
职能管理人员	5500.00 元
营销部员工	4500.00 元
初级/中级工人	3600.00 元/4000.00 元

3. 薪酬项目

薪酬项目包括基本工资、养老保险、医疗保险、生育保险、失业保险、工伤保险、住房公积金、缺勤扣款、代扣个人所得税、辞退补偿。

4. 五险一金缴纳比例（如表 20 所示）

表 20　五险一金缴纳比例

缴纳险种	缴纳比例		
	单位承担	个人承担	合计
养老保险	20%	8%	28%
医疗保险	10%	2%+3 元	12%+3 元
失业保险	1%	0.50%	1.50%
工伤保险	0.80%	—	0.80%
生育保险	0.80%	—	0.80%
住房公积金	10%	10%	20.00%

注意：单位养老保险缴费比例 20% 中，17% 划入统筹基金，3% 划入个人账户。实训中以员工转正后的月基本工资金额为缴费基数。

5. 个人所得税

2019 年 1 月 1 日起新税制全面实施，根据《国家税务总局关于发布〈个人所得税扣缴申报管理办法（试行）〉的公告》（国家税务总局公告 2018 年第 61 号）第六条的规定，扣缴义务人向居民个人支付工资、薪金所得时，应当按照累计预扣法计算预扣税款。"累计预扣预缴应纳税所得额"指的是除去免税额、减除费用、专项附加扣除等费用之后剩余需要纳税的金额，按照累计预扣法计算，具体公式为：

本月实缴个税 = 累计应缴个税 − 累计已缴个税

累计应缴个税 = 累计应税所得额 × 预扣率 − 速算扣除数

累计已缴个税应当从上月工资表中取数；若员工当月新入职，则取当月数据。个人所得税税率如表 21 所示。

表 21　个人所得税税率

级数	全年应纳税所得额	税率/%	速算扣除数
1	不超过 36000 元的	3	0
2	超过 36000 元至 144000 元的部分	10	2520
3	超过 144000 元至 300000 元的部分	20	16920
4	超过 300000 元至 420000 元的部分	25	31920
5	超过 420000 元至 660000 元的部分	30	52920
6	超过 660000 元至 960000 元的部分	35	85920
7	超过 960000 元的部分	45	181920

6. 辞退福利

企业辞退员工需支付辞退福利，辞退福利为三个月基本工资。
辞退当月的薪酬为：

辞退当月薪酬 = 实际工作日数 × (月基本工资/当月全勤工作日数) + 辞退福利

7. 考勤管理

VBSE 实训中实行月度考勤，但因每月只设计 2 个虚拟工作日，在进行考勤统计时依照下列规则计算：

员工出勤天数 = 当月虚拟工作日出勤天数/当月虚拟工作日总天数×21.75

员工缺勤天数 = 21.75 - 员工出勤天数

考勤周期：实行月度考勤，考勤周期为本月 26 日至次月 25 日。

（十一）物流规则

物流运输只针对工贸企业与制造企业间的购销业务、制造企业与商贸企业间的购销业务，其他类型组织的物流运输不走物流公司。

（1）物流费用的支付由购货方支付。

（2）物流费用为货款的 5%（含税）。

（3）运费分配率 = 运费/材料总数量。

四、各组织及对应岗位职责

（一）制造企业

制造企业是以盈利为目的，从事工业生产经营活动或提供工业性劳务，实行自主经营、自负盈亏、独立核算、依法成立的具有法人资格的基本经济组织。

制造企业区别于其他行业的典型特征是生产职能。生产职能是将资源转化为对客户更具有价值的商品的活动。从资源材料的获取到最终消费品有多个阶段，开发最终产品的每个阶段都会增加附加值，从而创造更多的财富。

仿真企业是一家中小型制造企业，属于有限责任公司，创建于 2010 年 1 月，主打产品是经济型童车。目前企业拥有自主产权的大厂房一座，厂房内设机加车间和组装车间，机加车间内有 10 台普通机床，组装车间内有 1 条组装生产线，设备运行状况良好。目前公司财务状况正常，产品在本地市场有一定知名度。

（二）商贸企业

商业企业就是买进货物，然后转手卖给别人，从中获取利润，不对进来的货物进行加工或再生产以得到更大的利润。

商贸企业的特征如下：

（1）以商品的购、销、运、存为基本业务。

（2）对经营的商品基本上不进行加工或不进行浅度加工。

（3）实现商品使用价值的运动和价值形态的转化。

（4）商贸企业的"商业利润"主要来自生产企业的让渡。

（5）经营周期短，资金周转快。

（6）商贸企业比生产企业更接近市场。

（三）外围服务机构

外围服务机构主要为配合制造企业的主体经营活动而设置，并通过交易活动和市场管理活动与制造企业发生联系。外围服务机构包括服务公司、税务局、市场监督管理局、人社局、国际贸易企业、物流公司、连锁企业、会计师事务所、招投标公司等组织。

1. 政务中心

其中，市场监督管理局的工作目标是：确认市场主体资格，规范市场主体行为，维护市场经济秩序，保护商品生产者和消费者的合法权益，促进市场经济的健康发展。其职能包括：

（1）受理企业核名。审核企业申请的企业名称是否有和其他相关企业出现重名，或者企业名称是否规范。如果重名，企业必须起另外的名称直到市场监督管理局审核通过为止。企业名称预先核准是企业开业登记设立前必须履行的重要工作。

（2）工商注册登记。依据国家市场监督管理总局的法律、法规，按照一定的程序，对设立在中国境内的工商企业的开业、变更、注销活动进行注册登记。在本实训中，主要进行公司变更登记。

（3）企业工商年检。依法按年度对领取营业执照的单位进行检查，确认企业继续经营资格。

（4）市场监督。依法组织监督检查市场竞争行为，组织实施各类市场经营秩序的规范管理和监督，维护社会公共利益。

（5）广告、合同和商标管理。依法组织管理广告发布与广告经营活动，依法管理合同行为，依法管理注册商标，保护注册商标与用权。

2. 服务公司

服务公司主要是为制造企业顺利完成生产经营活动提供必要的服务，其主要职能包括：

（1）人力推荐：向制造企业推荐童车生产工人，收取人员推荐费。

（2）人才培训：为制造企业代为培训管理人员，收取培训费。

（3）广告服务：会展公司为制造企业提供广告服务，收取广告费，开具发票。

（4）组织商品交易会：会展公司承接商品交易会组织工作，收取会务费。

（5）市场开发：作为第三方，承接制造企业的市场开发，收取市场开发费。

（6）认证管理：为制造企业提供认证服务，收取认证费。

（7）产品研发：作为第三方，承接制造企业的产品研发，收取产品研发费。

（8）其他服务：作为第三方，代办制造企业的其他服务事项，收取相应费用，开具发票。

（9）档案管理：对采购过程的各种文档进行分类归档整理。

3. 银行

银行是为企业提供对公金融柜台业务的金融机构，其主要职能包括：

（1）银行开户：为企业办理银行结算客户开户、变更等。

（2）银行转账：为企业办理银行客户转账业务。

（3）出售银行票据：向企业出售各种银行票据，方便客户办理业务。

（4）银行信贷：为企业提供长期、短期贷款等融资业务。

（5）档案管理：对银行柜台业务的各种文档进行分类归档整理。

五、商贸企业（经销商）规则

（一）人力资源规则

人力资源是企业生产经营活动的基本要素。企业的员工配置、工资标准及核算、员工招聘与培训，要在遵循本规则的前提下，作出科学合理的规划安排，以保证企业的生产经营活动协调、有序、高效进行。

（二）人员配置情况

（1）企业组织结构如图2所示。

图2　企业组织结构

（2）商贸企业岗位及人员设置如表22所示。

表22　商贸企业岗位及人员设置

部门	岗位名称	在编人数	直接上级
企业管理部	总经理	1	—
企业管理部	行政经理	1	总经理
营销部	营销经理	1	总经理
采购部	采购经理	1	总经理
仓储部	仓储经理	1	总经理
财务部	财务经理	1	总经理
财务部	出纳	1	财务经理

（三）企业薪酬规则

1. 员工薪酬的构成

员工薪酬是指企业为获得职工提供的服务而给予各种形式的报酬以及其他相关支出。在企业管理全景仿真中，员工薪酬主要由以下几个部分构成：

（1）员工工资、奖金（奖金按年度计算，根据企业本年度的经营状况而定）。
（2）医疗保险费、养老保险费、失业保险费、工伤保险费和生育保险费等社会保险费。
（3）住房公积金。
（4）因解除与职工的劳动关系给予的补偿，即辞退福利。

2. 员工薪酬的计算与发放

年度总薪酬=月基本工资×12+年度绩效奖金+企业应缴福利

员工每月实际领取的工资＝月基本工资－缺勤扣款－个人应缴五险一金－个人所得税

缺勤扣款＝缺勤天数×（月基本工资/当月全勤工作日数）

（1）基本工资标准如表23所示。

表23　基本工资标准

人员类别	月基本工资
总经理	12000.00
部门经理	7500.00
职能管理人员	5500.00

（2）年度绩效奖金如表24所示。

表24　年度绩效奖金

人员分类	年度绩效奖金
总经理	12000.00×4
部门经理	7500.00×4
职能管理人员	5500.00×4

季度绩效奖金实际发放金额与个人业绩考核评定结果挂钩，业绩考核采取百分制，业绩评定85分及以上者发放全额季度绩效奖金，低于85分的发放季度绩效奖金的80%。

总经理业绩考核得分为企业员工业绩考核得分的平均数。

（3）五险一金缴费基数及比例各地区操作细则不一，本实训中社会保险、住房公积金规则参照北京市有关政策规定设计，略作调整。

人社局行使社会保障中心和住房公积金管理中心职能。五险一金缴费基数于每年6月核定，核定后的员工月工资额即为缴费基数。

五险一金缴费比例如表25所示。

表25　五险一金缴费比例

险种	缴纳比例		
	单位承担	个人承担	合计
养老保险	20%	8%	28%
医疗保险	10%	2%+3元	12%+3元
失业保险	1%	0.50%	1.50%
工伤保险	0.80%	—	0.80%
生育保险	0.80%	—	0.80%
住房公积金	10%	10%	20.00%

注意：单位养老保险缴费比例20%中，17%划入统筹基金，3%划入个人账户。实训中以员工转正后的月基本工资金额为缴费基数。

（4）个人所得税。2019 年 1 月 1 日起新税制全面实施，根据《国家税务总局关于发布〈个人所得税扣缴申报管理办法（试行）〉的公告》（国家税务总局公告 2018 年第 61 号）第六条的规定，扣缴义务人向居民个人支付工资、薪金所得时，应当按照累计预扣法计算预扣税款。"累计预扣预缴应纳税所得额" 指的是除去免税额、减除费用、专项附加扣除等费用之后剩余需要纳税的金额，按照累计预扣法计算，具体公式为：

本月实缴个税＝累计应缴个税−累计已缴个税

累计应缴个税＝累计应税所得额×预扣率−速算扣除数

个人所得税税率如表 26 所示。

表 26　个人所得税税率

级数	全年应纳税所得额	税率/%	速算扣除数
1	不超过 36000 元的	3	0
2	超过 36000 元至 144000 元的部分	10	2520
3	超过 144000 元至 300000 元的部分	20	16920
4	超过 300000 元至 420000 元的部分	25	31920
5	超过 420000 元至 660000 元的部分	30	52920
6	超过 660000 元至 960000 元的部分	35	85920
7	超过 960000 元的部分	45	181920

（5）辞退福利。企业辞退员工需支付辞退福利，辞退福利为三个月基本工资，辞退当年无绩效奖金。辞退当月的薪酬为：

辞退当月薪酬＝实际工作日数×（月基本工资/当月全勤工作日数）+辞退福利

（四）考勤规则

每天的实训开始后，学生必须登录 VBSE 实训系统点击 "考勤" 按钮进行考勤签到。

VBSE 实训中对实际业务进行了抽象，一个实际工作日完成一个月的工作内容，每月工作任务集中在 2 个虚拟工作日。

计算出勤天数时，学生因病、事休假一个实际工作日按 3 个工作日计算，休假类型按照实际情况确定。

如：学生 A 因病没有参加当天的课程，则他的实际出勤天数＝当月应出勤天数−3 天，休假类型为病假，其中应出勤天数为当月实际工作日天数。

迟到、早退按照实际情况计算，每次罚款 30 元。考勤扣款从当月工资中扣除。

（五）销售规则

商贸企业将童车卖到虚拟市场中，虚拟市场分为东部、南部、西部、北部，其中东部、南部、西部、北部四个地区由商贸企业经营。虚拟市场的订单需要先到服务公司开拓市场，再投广告费。市场开拓费用：北部（351000 元）、东部（368000 元）、南部（351000 元）、西部（334000 元）。广告费的投放在经营阶段按照系统给定的数据投放（一个区域内的虚拟订单派发依据是已投放金额占本区域总投放金额的比例，由高至低依次进行选单，每次选择一笔虚拟订单,直至虚拟订单选完)。市场开拓一次一年有效,广告投放一次有效期限为一个虚拟日,到下一个虚拟日需要重新投放广告费。

虚拟市场的订单,可以在库存充足的情况下,提前发货、收款。

注意:在与虚拟客户的销售过程中,遵循先发货后收款的原则,在系统中未销售出库的订单不支持收款。

(六) 采购规则

商贸企业的商品采购途径:在固定数据阶段只从制造企业采购。

商品采购相关信息如表 27 所示。

表 27　商品采购相关信息

商品编码	商品名称	规格	计量单位	商品属性	市场平均含税单价/元
P0001	经济型童车	无	辆	外购	1011.00

注意:

(1) 市场平均含税单价为根据历史数据估算出来的,仅供参考。

(2) 经济型童车采购价格在固定数据阶段为 1010.32 元(含税)。

(3) 商品从制造企业送达商贸企业时会发生相应的运输费用,运输费用为采购订单金额的 5%(含税),运费结算依据以物流公司的运单金额为准。

(七) 仓储规则

商贸企业现有一座仓库,用于存放各种采购来的商品。

普通仓库信息如表 28 所示。

表 28　普通仓库信息

仓库名称	仓库编码	可存放物资
普通仓库	A 库	经济型童车

仓储经理担当仓管员职能,负责采购入库、生产出库和保管、产成品的完工入库和销售出库。公司的物料和产成品清单如表 29 所示。

表 29　公司的物料和产成品清单

物料编码	物料名称	规格	单位	来源
P0001	经济型童车	无	辆	外购

注意:普通仓库不作储位管理。

(八) 财务规则

在会计分期假设下,企业的会计期间分为年度和中期。此案例的会计期间是月度(2020 年 1 月),虚拟财务工作日为 5 日与 25 日。

财务业务规则主要包括会计核算制度、会计管理制度、账簿设置与会计核算程序等方面的主要规则，各公司必须按照本规则的各项规定组织会计核算，进行会计管理。

记账凭证账务处理程序：根据各种记账凭证逐笔登记总分类账。

固定资产分类如表30所示。

表30 固定资产分类

分类编码	分类名称	折旧期限/月	折旧方法	残值率/%
01	房屋及土地	240	直线法（一）	5
02	生产设备	120	直线法（一）	0
03	办公设备	60	直线法（一）	0

注意：会计科目参考期初数据中的科目余额表，可以根据实际业务的发生进行增加。

（九）税务规则

商贸企业从事生产经营活动，涉及国家或地方多个税种，包括企业所得税、增值税、城建税、教育费及附加、个人所得税。

1. 税种类型

按照国家税法规定的税率和起征金额进行税额的计算。企业所得税按照利润总额的25%缴纳，增值税税率为13%，城建税为增值税税额的7%，教育费附加为增值税税额的3%，个人所得税起征点为每月5000元。

2. 日常纳税申报及缴纳税款

在税收征收期内，按照企业的经营情况，填制各税申报表，携带相关会计报表，到税务部门办理纳税申报业务，得到税务部门开出的税收缴款书，并到银行缴纳税款。依据税务部门规定，每月初进行上月的纳税申报及缴纳。如遇特殊情况，可以向税务部门申请延期纳税申报。

（十）会计核算规则

商贸企业可以采用现金结算、转账结算和电子银行结算三种方式。原则上，日常经济活动，低于2000元的可以使用现金，超过2000元的一般使用转账支票和电子银行结算，结算货款、代扣代缴各种税费通过电子银行结算，其他业务可以使用转账支票结算。

银行支票主要使用转账支票，转账支票用于同一票据交换区内的结算（主要用于商贸企业购买服务类的商品和一些费用的支出等）。异地付款一般采用电子银行转账的结算方式（主要用于货款的结算、代扣代缴的结算等）。

六、工贸企业（供应商）规则

（一）人力资源规则

人力资源是企业生产经营活动的基本要素。企业的员工配置、工资标准及核算、员工招聘与培训，要在遵循本规则的前提下，作出科学合理的规划安排，以保证企业的生产经营活动协调、有序、高效进行。

人员配置情况如图 3 所示。

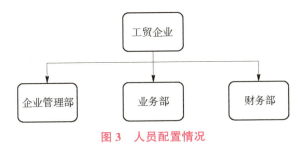

图 3　人员配置情况

工贸企业岗位及人员设置如表 31 所示。

表 31　工贸企业岗位及人员设置

部门	岗位名称	在编人数	直接上级
企业管理部	总经理	1	—
企业管理部	行政经理	1	总经理
业务部	业务经理	1	总经理
财务部	财务经理	1	总经理

（二）企业薪酬规则

1. 员工薪酬的构成

员工薪酬是指企业为获得职工提供的服务而给予各种形式的报酬以及其他相关支出。在企业管理全景仿真中，职工薪酬主要由以下几个部分构成：

（1）职工工资、奖金（奖金按年度计算，根据企业本年度的经营状况而定）；

（2）医疗保险费、养老保险费、失业保险费、工伤保险费和生育保险费等社会保险费；

（3）住房公积金；

（4）因解除与职工的劳动关系给予的补偿，即辞退福利；

2. 员工薪酬的计算及发放

企业员工的薪酬组成为：

年度总薪酬＝月基本工资×12＋年度绩效奖金＋企业应缴福利

员工每月实际领取的工资＝月基本工资－缺勤扣款－个人应缴五险一金－个人所得税

缺勤扣款＝缺勤天数×（月基本工资/当月全勤工作日数）

（1）基本工资标准如表 32 所示。

表 32　基本工资标准

人员类别	月基本工资
总经理	12000.00 元
部门经理	7500.00 元

（2）年度绩效奖金如表33所示。

表33 年度绩效奖金

人员分类	年度绩效奖金
总经理	12000.00×4
部门经理	7500.00×4
职能主管	5500.00×4

年度奖金实际发放金额与个人业绩考核评定结果挂钩，业绩考核采取百分制，业绩评定85分及以上者发放全额季度绩效奖金，低于85分的发放季度绩效奖金的80%。

总经理绩效得分为企业员工得分的平均数。

（3）五险一金缴费基数及比例各地区操作细则不一，本实习中社会保险、住房公积金规则参照北京市有关政策规定设计，略作调整。

人社局行使社会保障中心和住房公积金管理中心职能。五险一金缴费基数于每年3月核定，核定后的职工月工资额即为缴纳基数。五险一金缴费比例如表34所示。

表34 五险一金缴费比例

险种	缴纳比例		
	单位承担	个人承担	合计
养老保险	20%	8%	28%
医疗保险	10%	2%+3	12%+3
失业保险	1%	0.2%	1.20%
工伤保险	0.30%	0.00%	0.30%
生育保险	0.80%	0.00%	0.80%
住房公积金	10%	10%	20.00%

注意：单位养老保险缴费比例20%中，17%划入统筹基金，3%划入个人账户。实训中以员工转正后的基本工资金额数为缴费基数。

（4）个人所得税。2019年1月1日起新税制全面实施，根据《国家税务总局关于发布〈个人所得税扣缴申报管理办法（试行）〉的公告》（国家税务总局公告2018年第61号）第六条的规定，扣缴义务人向居民个人支付工资、薪金所得时，应当按照累计预扣法计算预扣税款。"累计预扣预缴应纳税所得额"指的是除去免税额、减除费用、专项附加扣除等费用之后剩余需要纳税的额度，按照累计预扣法计算，具体公式为：

本月实缴个税=累计应缴个税−累计已缴个税

累计应缴个税=累计应税所得额×预扣率−速算扣除数

个人所得税税率如表35所示。

表35 个人所得税税率

级数	全年应纳税所得额	税率/%	速算扣除数
1	不超过 36000 元的	3	0
2	超过 36000 元至 144000 元的部分	10	2520
3	超过 144000 元至 300000 元的部分	20	16920
4	超过 300000 元至 420000 元的部分	25	31920
5	超过 420000 元至 660000 元的部分	30	52920
6	超过 660000 元至 960000 元的部分	35	85920
7	超过 960000 元的部分	45	181920

(5) 辞退福利。企业辞退员工需支付辞退福利，辞退福利为三个月基本工资，辞退当年无绩效奖金。辞退当月的薪酬为：

辞退当月薪酬＝实际工作日数×(月基本工资/当月全勤工作日数) +辞退福利

(三) 考勤规则

每天的实训开始后，学生必须登录 VBSE 实训系统点击"考勤"按钮进行考勤签到。

VBSE 实训中对实际业务进行了抽象，一个实际工作日完成一个月的工作内容，每月工作任务集中在 2 个虚拟工作日。

计算出勤天数时，学生因病、事休假一个实际工作日的按 3 个工作日计算，休假类型按照实际情况确定。

如：学生 A 因病没有参加当天的课程，则他的实际出勤天数＝当月应出勤天数－3 天，休假类型为病假。其中应出勤天数为当月实际工作日天数。

迟到、早退按照实际情况计算，每次罚款 30 元。考勤扣款从当月工资中扣除。

(四) 销售规则

工贸企业将商品销售给制造企业，双方进行合同洽谈，并签订纸质合同，制造企业在 VBSE 实训系统中提交订单后，工贸企业进行确认作为后续交易依据。如出现延期交货，按双方合同中的约定进行处理，如出现争议，提交市场监督管理局进行调解或处罚。

(五) 采购规则

工贸企业可从系统中虚拟工贸企业选择采购的商品品种及数量。工贸企业采购的商品如表 36 所示。

表36 工贸企业采购的商品

商品编码	商品名称	规格	计量单位	商品属性	平均单价/元
B0001	钢管	Φ外16/Φ内11/L5000（mm）	根	外购	98.00
B0002	镀锌管	Φ外16/Φ内11/L5000（mm）	根	外购	163.00
B0003	坐垫	HJM500	个	外购	75.00
B0004	记忆太空棉坐垫	HJM0031	个	外购	205.00
B0005	车篷	HJ72×32×40	个	外购	134.00

续表

商品编码	商品名称	规格	计量单位	商品属性	平均单价/元
B0006	车轮	HJΦ外125/Φ内60（mm）	个	外购	25.00
B0007	经济型童车包装套件	HJTB100	套	外购	85.00
B0008	数控芯片	MCX3154A	片	外购	254.00
B0009	舒适型童车包装套件	HJTB200	套	外购	180.00
B0010	豪华型童车包装套件	HJTB300	套	外购	210.00

注意：

（1）钢管、坐垫、车篷、车轮、经济型童车包装套件的采购价格在固定数据阶段按照上表中的平均单价采购，平均单价为含税单价；自主经营阶段采购价格为双方协商制定。

（2）商品从工贸企业送达制造企业时会发生相应的运输费用，运输费用为采购订单金额的5%，运费结算依据以物流公司的运单金额为准。

（3）在虚拟工贸企业采购过程中，下达采购订单后，先进行付款，付款后才能进行采购入库操作，没有付款，系统的入库无法完成。

（4）工贸企业在付款后，依据采购订单到税务局代开虚拟工贸企业的销售发票（增值税专用发票）。

（六）仓储规则

公司现有一座仓库，用于存放各种采购来的商品。商品库信息如表37所示。

表37 商品库信息

仓库名称	仓库编码	可存放物资
商品库	A库	钢管、坐垫、车篷、车轮、包装套件、镀锌管、记忆太空棉坐垫、数控芯片、舒适型童车包装套件、豪华型童车包装套件

行政主管担当仓管员职能，负责采购入库、生产出库和保管、产成品的完工入库和销售出库。公司的物料和产成品清单如表38所示。

表38 公司的物料和产成品清单

物料编码	物料名称	规格	单位	来源
B0001	钢管	Φ外16/Φ内11/L5000（mm）	根	外购
B0002	镀锌管	Φ外16/Φ内11/L5000（mm）	根	外购
B0003	坐垫	HJM500	个	外购
B0004	记忆太空棉坐垫	HJM0031	个	外购
B0005	车篷	HJ72×32×40	个	外购
B0006	车轮	HJΦ外125/Φ内60（mm）	个	外购
B0007	经济型童车包装套件	HJTB100	套	外购
B0008	数控芯片	MCX3154A	片	外购

续表

物料编码	物料名称	规格	单位	来源
B0009	舒适型童车包装套件	HJTB200	套	外购
B0010	豪华型童车包装套件	HJTB300	套	外购

注意：普通仓库不作储位管理。

（七）财务规则

在会计分期假设下，企业的会计期间分为年度和中期，此案例的会计期间是月度（2020年1月），虚拟财务工作日为5日与25日。

财务业务规则主要包括会计核算制度、会计管理制度、账簿设置与会计核算程序等方面的主要规则，各公司必须按照本规则的各项规定组织会计核算，进行会计管理。

记账凭证账务处理程序：根据各种记账凭证逐笔登记总分类账。

记账凭证账务处理程序如表39所示。

表39 记账凭证账务处理程序

分类编码	分类名称	折旧期限/月	折旧方法	残值率/%
01	房屋及土地	240	直线法（一）	5
02	生产设备	120	直线法（一）	0
03	办公设备	60	直线法（一）	0

注意：会计科目参考期初数据中的科目余额表，可以根据实际业务的发生进行增加。

企业抵押贷款规则：

①制造业、商贸企业、工贸企业、国贸企业、连锁企业可向中国工商银行申请抵押贷款。

②贷款金额0~1000万元，贷款期限1~12个月，企业可根据自身情况申请贷款金额与期限。企业抵押贷款利率如表40所示。

表40 企业抵押贷款利率

年利率/%	6.00	7.00	8.00	9.00	10.00	11.00	12.00
月利率/%	0.50	0.58	0.67	0.75	0.83	0.92	1.00

申请企业抵押贷款所需基本资料：营业执照、法人代表身份证、银行开户许可证、最近一期财务报表（均需加盖财务印鉴）。

抵押保证：房屋产权。

还款方式：一次还本付息。

（八）税务规则

工贸企业从事生产经营活动，涉及国家或地方多个税种，包括企业所得税、增值税、城建税、教育费及附加、个人所得税。

1. 税种类型

按照国家税法规定的税率和起征金额进行税额的计算。企业所得税按照利润总额的 25% 缴纳，增值税税率为 13%，城建税为增值税税额的 7%，教育费附加为增值税税额的 3%，个人所得税起征点为每月 5000 元。

2. 日常纳税申报及缴纳税款

在税收征收期内，按照工贸企业的经营情况，填制各税申报表，携带相关会计报表，到税务部门办理纳税申报业务，得到税务部门开出的税收缴款书，到银行缴纳税款。依据税务部门规定，每月初进行上月的纳税申报及缴纳。如遇特殊情况，可以向税务部门申请延期纳税申报。

（九）会计核算规则

工贸企业可以采用现金结算、转账结算和电子银行结算三种方式。原则上，日常经济活动，低于 2000 元的可以使用现金，超过 2000 元的一般使用转账支票和电子银行结算，结算货款、代扣代缴各种税费通过电子银行结算，其他业务可以使用转账支票结算。

银行支票主要使用转账支票，转账支票用于同一票据交换区内的结算（主要用于工贸企业购买服务类的商品和一些费用的支出等）。异地付款一般采用电子银行转账的结算方式（主要用于货款的结算、代扣代缴的结算等）。

附录 3

课后思考题答案

团队组建实训
思考答案

期初建账实训
思考答案

百联集团业务
实训思考答案

招投标业务
实训思考答案

会计师事务所
业务实训思考答案

自主经营实训
思考答案

实训总结实训
思考答案